高等职业教育
大思政课建设论丛（第二辑）

李 生 孙兰欣 莫玉婵◎著

中国出版集团 | 全国百佳图书
中国民主法制出版社 | 出版单位

图书在版编目（CIP）数据

高等职业教育大思政课建设论丛. 第二辑 / 李生，孙兰欣，莫玉婵著.—北京：中国民主法制出版社，2024.2

ISBN 978-7-5162-3524-9

Ⅰ. ①高… Ⅱ. ①李…②孙…③莫… Ⅲ. ①高等职业教育－思想政治教育－研究－中国 Ⅳ. ①G711

中国国家版本馆 CIP 数据核字（2024）第 039231 号

图 书 出 品 人：刘海涛
出 版 统 筹：石　松
责 任 编 辑：刘险涛　吴若楠

书　　　名／高等职业教育大思政课建设论丛（第二辑）
作　　　者／李　生　孙兰欣　莫玉婵　著

出版·发行／中国民主法制出版社
地址／北京市丰台区右安门外玉林里 7 号（100069）
电话／（010）63055259（总编室）　63058068　63057714（营销中心）
传真／（010）63055259
http://www.npcpub.com
E-mail: mzfz@npcpub.com
经销／新华书店
开本／16 开　787 毫米 ×1092 毫米
印张／10.5　字数／197 千字
版本／2024 年 4 月第 1 版　　2024 年 4 月第 1 次印刷
印刷／廊坊市源鹏印务有限公司

书号／ISBN 978-7-5162-3524-9
定价／68.00 元

Preface
前言 ————————————————————————————————

　　笔者在入职高校后就对思想政治理论课（以下简称思政课）教学情有独钟，十分感兴趣。这种感兴趣并不是一种短暂的喜爱，也不是一种为了评职称好好上课的诉求，而是真的想在思政课教学这个领域有自己的思考和想法。在长达八年的一线教学过程中，笔者上过不同专业的思政课，也参加过大大小小几十个教学比赛，并获得不错的比赛成绩。例如，荣获首届全国高校思想政治理论课教学展示比赛特等奖；粤桂琼赣滇五省区思政课教学基本功大赛一等奖；广西职业院校教师教学能力大赛（课堂教学）一等奖、广西高校思政课教学基本功大赛暨"精彩一课"比赛一等奖；广西高校学习习近平新时代中国特色社会主义思想示范课一等奖等各级各类比赛累计获奖 30 余项。现在回想起来，以赛促教给予我教学上极大的提升，通过参加一系列的思政课教学比赛，让笔者对思政课教学改革的探索有了更明确的方向，也激发自己能够在这个领域做些实实在在的事情，总是觉得想把自己对思政课教学改革，特别是思政课信息化教学这块的探索和实践做一个梳理和总结。

　　习近平总书记高度重视和关心思政课教育教学，他指出："思政课是落实立德树人根本任务的关键课程。"关键课程的教学改革要高度重视，切实发挥思政课"培根铸魂"的主要作用，关于写思政课信息化教学改革这个题目也是基于笔者所在高校对思政课教学的高度重视。从 2016 年开始，学校对思政课教学投入了大量的人力和物力，特别是在信息化建设方面下了很大的功夫，我们学校马克思主义学院（以下简称马院）陆续上线思政课信息化教学系统、思政课无纸化考试系统、虚拟仿真思政课线上教学程序等，全校思政课信息化教学的软硬件建设得到了极大改善。2022 年，学校党建思政基地落成，这是目前本省内最大的一个虚拟仿真教学体验中心，实现了信息技术硬件建设的再次升级，为学校思政课信息化教学快速发展提供了契机，也激发了全校思政课教师着重研究虚拟仿真技术融入思政课的理论与实践，产出了大量的教学与课程成果。由笔者带领的教学团队撰写的教改文章："围绕'5个1'开展虚拟仿真技术赋能思政课守正创新"获得省级思想政治工作调研报告一等奖，并成功入选中国政研会2023年度基层思想政治工作优秀案例。此外，笔者主持思政课信息化教学相关的课题多项，也积累了一定的相关成果，都需要对思政课信息化教学做一个全面的梳理，这些都是撰写这本专著的缘由。

道阻且长，行则将至！撰写这本专著需要大量的时间和精力，笔者早在2022年就计划撰写思政课信息化相关的论文，但由于一直从事教学管理工作，时间和精力上面都无法兼顾，直到2023年9月，笔者在广西师范大学马克思主义学院读博才有了相对比较充裕的时间去深入思考和统筹其他老师一起完成著作相关内容的撰写。

思政课信息化教学是思政课教学改革中重要的实践方向，也是思政课近十几年来一直在不断创新和突破的重要课题。学界对思政课教学改革的理论探索已经产出了相当丰富的学术成果，但是细分到高校思政课信息化教学改革与探索这个领域的专著就相对比较少，都是集中在思政课教学改革大类中进行论述，对于思政课信息化教学研究大部分都是集中在单一的问题研究上，其中，上海大学的李梁教授在这方面产出了较多的学术成果。此外，高校也推出了一系列思政课信息化教学实施的方案，思政课信息化教学迎来了时代的机遇，也面临着重要的挑战。

本书在结构上共分为导论和五章，每一章都有其侧重点。在绪论上重点讲述选题的时代背景和学界对于这个问题的关注。第一章重点论述信息化技术推动高校思政课教学变革的时代趋势，特别是思政课作为立德树人的关键课程，如何在信息化时代里守正创新。第二章主要研究高校思政课信息化教学的经验借鉴，这里主要收集团队成员在各个高校马院进行访谈调研的数据案例还有总结的经验，可以为其他高校马院开展信息化教学提供参考和借鉴。第三章重点论述高校思政课信息化教学面临的挑战，从学校管理者、教师、学生三个维度去分析高校思政课信息化教学面临具体的挑战，特别是对于思政课教师和学生而言，在教学过程中使用信息技术存在哪些症结，并深入分析这些调整给授课教师和学生带来的心理压力，以及如何才能更好地让授课教师和学生去从容地面对信息化教学带来的挑战和压力。第四章主要分析高校思政课信息化教学存在的共性问题及原因分析，重点对一些共性问题产生的原因和影响要素做分析，帮助思政课教师在处理信息化教学过程中清晰认识要着重避免哪些不良影响要素的产生，营造良好的教学生态。第五章主要探究思政课信息化教学平台与数字资源建设，通过分析思政课数字智慧平台建设各环节要素，旨在增强思政课信息化教学改革力度，提升思政课教师信息化教学能力，从这三大方面提出信息化教学改革的着力点，立体地呈现思政课信息化教学实现路径的着力点和侧重点，为打造高质量的思政课信息化教学奠定坚实的基础。

习近平总书记指出："问题是时代的声音，回答并指导解决问题是理论的根本任务。"本书以习近平新时代中国特色社会主义思想为指导，将习近平总书记关于教育的重要论述特别是关于高校思政课建设重要讲话精神和中央关于加强思政课建设的一系列文件精神融入其中，为新时代高校思政课教学改革作出有益的探索。目前全国各地高校在思政课信息化教学上作出了大量的有益尝试，形成了丰富的成果，为我们完成本书提供了丰富翔实而又鲜活的案例，在此对学界和帮助我们的高校老师们表示感谢，希望本书的出版能够让广大思政课教师对信息化教学有一个整体的认识，以更加科学合理的信息化思维去参与到信息化教学实践中，也希望本书对思政课教师运用信息技术去解决教学难点、痛点起到借鉴作用。更希望本书对思政课教学改革、思政课建设等有一定的参考价值。新时代思政课信息化教学是一个动态发展的过程，在不同的阶段具有不同的表现，也会因为社会环境的变化、技术更新发展而产生新的问题。

本书的出版只是现阶段对思政课信息化教学的一般共性问题提出我们的观点和意见，书中有些观点仅代表作者在这个领域的学术探讨的自我观点，因为作者的能力和学识有限，难免会出现一些错漏，也恳请各位专家学者、广大教育工作者，特别是一线思政课教师批评指正。

Contents
目录

导论 1

第一章　信息技术推动高校思政课教学变革的时代趋势 8

第一节　信息化技术服务思政课教学的现实需要 10

第二节　信息技术赋能思政课的主要价值 13

第三节　高校思政课信息化教学呈现的样态 20

第四节　高校思政课信息化教学发展的趋向 23

第二章　高校思政课信息化教学的运用与经验借鉴 30

第一节　信息技术在高校思政课教学中的运用 31

第二节　部分高校思政课信息化教学的经验与做法 41

第三节　高校思政课信息化教学主要的共性特点 46

第四节　可持续优化的空间 57

第三章　高校思政课信息化教学面临的挑战 64

第一节　驾驭技术的挑战 64

第二节　教学备课的挑战 69

第三节　信息化教学对学生学习的挑战 81

第四章　高校思政课信息化教学存在的问题、特征及原因分析 91

第一节　思政课信息化教学存在的突出问题 91

第二节　思政课信息化教学突出问题特征 ……………………………… 101

第三节　思政课信息化教学存在问题的原因分析 ………………………… 106

第五章　高校思政课信息化教学改革的着力点 ……………………………… 115

第一节　思政课信息化教学平台与数字资源库建设 ……………………… 116

第二节　增强思政课信息化教学改革力度 ………………………………… 134

第三节　增强思政课教师信息化教学能力 ………………………………… 144

参考文献 …………………………………………………………………………… 155

后记 ………………………………………………………………………………… 159

中国特色社会主义进入新时代，中国各项事业发展已经迈入了高质量发展阶段，随着教育强国战略的不断纵向推进，党和国家对思政课高质量发展也提出了适应时代发展的新要求。2021年教育部印发《高等学校思想政治理论课建设标准（2021年本）》，在改革创新中提出"深化思想政治理论课改革创新，坚持政治性和学理性相统一、价值性和知识性相统一、建设性和批判性相统一、理论性和实践性相统一、统一性和多样性相统一、主导性和主体性相统一、灌输性和启发性相统一、显性教育和隐性教育相统一，积极探索教学方法改革、优化教学手段，不断增强思想政治理论课的思想性、理论性和亲和力、针对性。""改革考试评价方式，建立健全科学全面准确的考试考核评价体系，注重过程考核和教学效果考核""开展思想政治理论课教学改革与创新，并取得显著成果，其经验在全国或全省得到一定推广"等重要要求，2023年教育部印发《普通高等学校马克思主义学院建设标准（2023年版）》，其中提道："培育推广形式多样、效果确切、受学生欢迎的教学方法。"这些重要文件要求对思政课教学改革与发展指明了方向，提供了建设的基本遵循。

一、研究背景

习近平总书记在全国高校思想政治工作会议上的讲话强调："要用好课堂教学这个主渠道，思想政治理论课要坚持在改进中加强，提升思想政治教育亲和力和针对性，满足学生成长发展需求和期待。"随着信息技术的不断发展，各种新技术、新手段不断融入教育教学领域，成为教师教学的重要辅助工具，对提高教学育人实效性起到了重要的载体作用。思政课教学和其他课程一样，都需要不断适应社会环境的变化。在信息技术不断发展的时代背景下思政课教学面临新的机遇和挑战，实力雄厚的高校马院会有大量的人力物力和财力去推进数字马院建设，期望通过数字技术的全方位引入，让马院日常管理及思政课教师教学更加智能化、智慧化，展现出马院在守正创新上的魄力和不断与时俱进的改革步伐。还有的马院则着重于利用信息技术服务思政课课程教学，通过信息技术的多样性、高效性、便捷性不断提升课程教学的针对性和亲和力，适应"05后"大学生数字生活习惯，这不仅有效地提升了思政课教学针对性，同时也满足了学生数字时代背景下的学习诉求。

不管怎样，数字时代早已到来，思政课信息化教学的大幕也早已拉开，全国各地高校马院也通过各自学院的努力开展了关于思政课信息化教学的一系列探索与实践，积累了丰富的经验，也产出了相当多的成果，为其他学者的研究提供了丰富的样本资源。

1. 思政课守正创新的时代要求

习近平总书记指出："科技创新，就像撬动地球的杠杆，总能创造令人意想不到的奇迹。"中共中央宣传部、教育部在《普通高校思想政治理论课建设体系创新计划》的通知中明确指出："办好思想政治理论课，事关意识形态工作大局，事关中国特色社会主义事业后继有人，事关实现中华民族伟大复兴的中国梦，必须始终摆在突出位置，持之以恒、常抓不懈。"思政课是青年学生成长成才的重要课程，在培育社会主义建设者和接班人中具有不可替代的作用。新时代思政课是加强和改进高校思想政治工作的灵魂课程，也是实现高等教育现代化发展的核心课程，思政课的教学内容体现党和国家的意识形态需要，要不断推进党的创新理论进教材、进课堂、进学生头脑，充分体现思政课的政治引领和价值引领功能。面对时代变化，高校思政课必须在守正创新中谋发展，不断增强思政课现代化发展的适应性，推进思政课与时代发展同频共振。高校思政课创新的形式多种多样，在具体的改革层面和实施环节上有不同的样态，其中，信息化教学主要体现在教学手段和教学形式上的创新。高校思政课借助新型的技术手段，丰富教学形式，用技术力量更好地服务思政课，让思政课讲道理更加科学有效，实现思政课教学的良性发展，更好地实现思政课立德树人这一根本任务。

2. 学校教学改革的时代趋向

高校思政课信息化教学并不是马院单独的一项改革任务。思政课是立德树人关键课程，其教学改革是全校课程改革的组成部分，是整个学校教学改革发展必须重点关注的核心课程。对于学校而言，重视思政课信息化教学反映出党对思政课的重视程度，同时也是发挥思政课教学改革服务全校课程思政改革的客观体现，更有利于推进"大思政课"教学改革。数字时代的思政课信息化教学站在时代发展的风口，必然乘着数字技术时代的东风不断提升思政课的综合实力。当前时代发展对课程教学的信息化发展是有时代趋向的要求。教育现代化是中国式现代化的重要组成部分，现在各高校都在推进信息化教学基础工程，一门课如果没有体现出信息化元素，没有契合数字时代的网络和技术发展的时代性，是很难吸引学生的注意，也很难体现出教育发展的现代化性，很难和教育现代化发展挂钩。所以，不管是思政课内在的改革需要，还是外在的技术发展趋向，都已经决定了思政课信息化教学是思政课教学改革中的必然选择。

3.思政课教师能力的发展要求

2019 年，中共中央办公厅、国务院办公厅印发了《关于深化新时代学校思想政治理论课改革创新的若干意见》(以下简称意见)，意见指出："建设一支政治强、情怀深、思维新、视野广、自律严、人格正的思政课教师队伍。"国家高度重视思政课教师队伍建设，思政课教师综合能力的提升越来越重要。高校思政课教师教学现代化能力的综合表现不仅体现在教学理念的现代化、教学内容的现代化、还要在教学形式和方法上体现出现代化特征。思政课教师是否掌握信息化教学手段，也成为考察一位思政课教师教学综合能力的重要体现，这个结论不仅体现在思政课众多的教学改革文件上，还体现在教学比赛的文件要求中，更体现在思政课能力发展的指标上。现如今的思政课教学课堂，思政课教师用信息化数字手段去加工教学素材；用信息技术手段去呈现教学过程；用信息技术去实现对学生行为的精准画像描述；用信息技术去服务学生的实践与创新能力的运用都已经成为教学常态。但是，对于部分高校思政课教师而言，他们或多或少还存在这样的思维和看法，认为没有信息技术参与的思政课不会影响教师本身教学过程的实施，也不会产生学生厌学的情绪。对于部分老师这个观点，我们是赞同的，一个学生是否真心喜爱和支持思政课，并非出是否采用信息化技术去开展教学这个指标去衡量。但是，我们现在讨论的是，如何让思政课教学更好地发展，而不是讨论技术介入是否合适的问题。有了信息化教学手段的使用，可以更好地推进思政课教学，更好地实现推进教学内容高效率的实现，在知识的传递、实现师生互动中高效率完成教学过程，还能为翻转课堂的实现提供技术支撑，为学生提供新的教学新样态等。

二、问题提出

正如美国思维学家大卫·伯金斯所说，发现问题是一个有许多变体的宽泛概念，它有助于人们进行"漫游""探测""重构"或者"离开"发现问题是解决问题的基础，对于思政课信息化教学的常态发展，必须从提出真问题出发，以思政课信息化教学的原问题出发去深入研究。

提出思政课信息化教学存在的相关问题要先从当前信息化教学的时代背景出发去展开。对于欠发达地区的高校马院来说，在信息化教学的探索和实践上明显和发达地区高校有差距，从时代变化发展的趋势来看，而且这个差距还是相当明显。不管从国家层面的教学改革要求还是从学校层面对思政课教学发展的推进来看，都需要思政课信息化教学做出实际上的适应变化。面对信息时代的发展，思政课教学如何应对时代发展的浪潮，思政课如何开展信息化教学都是值得深入探讨的时代话题。在调研过程中，我们发现部分思政课教师在面对数字技术发展这个问题上还是有负面态度的出现，部分思政课教师在心理上还是存在一定的畏难情绪，这种畏难情绪主要体现在对数字技术发展的适应上，特别是技术的多变性与教师适用性之间的矛盾越来越突出。现阶段大部分的思政课教师整体上接受教育的成长过程主要集中在 20 世纪 70—90 年代。这段时间接受教育的老师又会遇到相似的教育环境，他们过去接受的教学是相对现在而言非常常规甚至可以说是相对"传统"的教学样态，这个"传统"在这里并不是贬义词，而是做时间上的形态区分。新中国成立初期到 20 世纪 60 年代，大部分教学都采用黑板、粉笔、直观教具等开展课堂教学。"讲政治课，必须抄黑板、背诵原句"。当时他们的教学环境就是老师用粉笔、板书的形式将课本的知识输入给学生，基本上看不到信息化教学的元素，对于当时的学生也就是成长为现在的老师而言，他们缺少的是从一开始就有的信息化教学环境，长此以往，教师群体对信息化教学的情感、能力、行为还是有一定的影响。从这个逻辑思路上看，对高校思政课教师主体开展信息化教学研究还是需要分析教师本身对信息化的认知和情感态度，并且从心理学的角度去看待他们表现出的情感态度和行为。所以，从思政课教师这个主体去研究信息化教学过程产生的认知问题、情绪问题、技术问题尤为重要。

此外，信息化教学研究是需要学校信息化教学基础工程建设作为前提和依托，特别是部分高校马院连基本的信息化设备都没有完成搭建起来，各种数据系统、网络平台、技术工具都没有形成统一的使用标准，很难开展全校性的信息化教学，这样就为思政课信息化教学的开展提出了一个原生问题，要如何去科学的搭建思政课信息化教学集群网。特别是学校现有的思政课信息化教学基础设备有哪些；学校能为思政课信息化教学提供什么服务；学校层面如何去建构思政课信息化教学的制度及机制规范等，这些都是需要思考的问题。当高校思政课信息技术工具都解决后，如何让思政课教师合理科学地使用技术去运用于教学全过程就成为要解决的关键问题。在教学过程中，信息化教学工作的使用和学生的喜好是否有直接的关联；学生对信息化教学主要关注的问题在哪里；信息化教学如何促进师生教学相长；教师对信息化教学过程中学生的数据评价要注意什么等等都是需要精细化研究的问题。

三、研究展开的工作

课题组成员所在的高校马院是学校开展信息化教学改革试点的单位，在教学改革中积累了丰富的信息化教学经验。笔者所在高校马院近年来投入了大量的人力和物力建设了本省目前规模最大的虚拟仿真思政课教学体验中心，思政课教师围绕虚拟仿真教学体验中心开展了大量的思政课信息化教学研究，并获得了多项省部级教学和科研奖励。除了虚拟仿真思政课教学体验中心，马院还联合教学管理部门和校外企业联合建立了思政课数字智慧教学平台，通过搭建数字智慧平台开展日常思政课教学和考试管理，特别是在全校率先开启了思政课教学无纸化考试，大大节约了思政课教师的时间成本和管理成本，提高了学生考试的效率，满足了教育多元考核的需求。此外，思政课教师还能通过智慧系统的管理去分析和研究学生考试过程形成的数据，为思政课教师持续改善教学，提高教学效果提供数据支撑。本教学团队成员长期从事思政课教学工作，在思政课一线教学上积累了丰富的经验，为了作为本书的撰写的素材和案例收集工作，团队成员依据思政课信息化教学主题需要走访了省内外不同类别的高校马院进行调研，并重点开展如下内容的调研。

一是重点调研高校马院在开展思政课信息化教学过程中积累的丰富经验。思政课信息化教学并不是一个现阶段产生的新问题，目前学界对它的研究具有一定的热度，特别是信息技术的迅猛发展给思政课信息化教学带来了新的研究空间和新的研究视角，成为一个常研究常新的话题。课题组团队成员利用各种访学、学术会议、社会实践等活动机会走访了国内部分不同类型的高校，对部分马院领导和思政课教师进行思政课信息化教学相关主体的访谈交流，掌握了一手资料，也对思政课教师信息化教学产生共性的问题进行了归类总结，为下一步分析其产生的原因和提出改善路径提供了决策依据。此外，各高校马院思政课信息化教学过程形成的适用性强的做法和优势经验也是课题组重点关注的内容。面对同样一项信息技术，不同的学校和不同的思政课教师在使用的过程中持有的观点和态度是不一致的，在实际运用过程中的教学设计和实施效果也存在差异，课题组通过了解部分学校思政课信息化教学实施方案，观摩思政课教师信息化教学实施课堂总结出主要的做法和经验。

二是重点调研高校马院在思政课信息化教学中存在的主要问题和产生的原因。思政课信息化教学对于很多老师而言是一项具有挑战性的工作，特别是对于刚入职的年轻老师和年纪较长的老师而言，他们感受到的挑战压力相对比较大。在调研中，课题组也发现了很多问题，例如，部分高校思政课信息化教学实施与管理相对不够明晰，部分学校存在管理上的问题，对思政课信息化教学不是很重视；还有的思政课教师信息化素养不够，对待思政课信息化教学的态度不够积极，存在轻视的现象；还有的学校虽然投入了大量人力物力去建设思政课信息化教学系统但是使用的效果不佳，等等。诸如，此类问题都需要去分析其问题产生的根源何在，提出有效改善的路径。此外，还要去对比各高校思政课信息化教学存在的共性问题，以及各高校在解决这些共性问题的普遍做法。

三是根据信息化教学开展的各项要素进行系统分析。思政课信息化教学是一项系统教学，涵盖教学课前、课中、课后各项环节要素。课前教学涉及应该如何利用信息技术让学生实现翻转课堂，如何通过线上数字教学资源让学生先开展自学活动，如何让学生利用互联网工具进行课中问题的课前探究都是思政课教师要考虑的问题；课中教学是信息化教学的主要阵地，信息技术手段在课中的出场顺序是有逻辑讲究，在安排技术手段辅助教学过程中要讲究技术出场时机的恰当性，过程转场的合理性，技术退场结束的有效性。课中信息技术的使用要讲究师生共同体的过程和谐，不能因为技术的使用，让师生之间的关系产生隔阂，消解师生互动的真诚性，产生技术藩篱。在课后，思政课教师可以利用思政数字信息技术平台的大数据系统和人工智能分析系统，将教师与学生之间互动产生的行为数据、过程凸显的问题数据、活动轨迹数据等做系统全面地分析，为真实评价思政课教学过程中，学生课堂学习效果作出评价模型，进而为教师的客观评价做参照。课后，思政课教师利用思政课数字智慧平台发布实践作业，学生可以利用身边的数字工具或者技术软件开展实践作业的制作，例如，哔哩哔哩、抖音、微视等。思政课教师要充分发挥学生的主观能动性去利用一些合理的技术工作去服务作业的完成，让技术在退场之后衔接下一个技术的出场。通过课前、课中、课后整个链条的信息化教学实施与管理，让技术服务教学变成日常的自然而然的常态化现象，不需要刻意地展现出信息技术的出场独特性，过于强调技术的在场，反而显得教学的刻意性。

四是重点研究和分析思政课信息化教学改革的主要着力点。思政课信息化教学涉及教学领域信息技术的基础设施建设、思政类信息化教学的数字资源库的搭建、符合思政课教师教学特性的信息技术工具的定制与使用、思政大数据分析系统的嵌入、数字思政实践场地的规划、思政课教师信息化技术的使用素养提升培训等。在思政课信息化教学改革中，加强马院及学校层面的顶层设计非常重要，直接关系到学校思政课信息化教学实施的长远发展，这是首先要着力解决的问题；此外，马院整合全校思政育人数字资源，形成"大思政课"集群视域下的数字育人综合管理格局是关键，将思政课信息化教学放置在全校育人资源的核心集群中进行有效实施；最后通过马院和学校举办的信息技术类培训，整体提升思政课教师信息教学素养，还可以通过组建数字思政教学研究中心，搭建思政课信息化教学团队，整体上提高思政课信息化教学的师资队伍实力，为推进思政课信息化教学的科学发展储备高素质人才。

五是对思政课信息化教学的未来发展趋向做进一步的研究。随着新一代信息技术的发展，智慧教育成为教育信息化的关键和未来发展的趋向，既是教育在信息时代的新变革，也是教育数字化推动教育现代化发展的双向奔赴。未来技术的发展是一个难以预估的话题，特别是对人的教育领域产生的变革是重大而现实，可以根据当前技术的发展趋向做预测分析和实践前测。事物的发展是普遍联系的客观存在，事物的发展是螺旋式上升的过程，思政课信息化教学是动态发展的过程，需要投入大量的时间和精力去做基础研究、过程操作、结果分析，进而形成继续优化的环状建设。互联网时代信息技术的发展不以人的意志为转移，随着时间的推移会继续出现新的技术工具、新的教学思维、新的数字发展样态，思政课信息化教学也会随着这些要素的发展而发展。对于技术发展衍生出的新生事物对教育的服务契合性有多大，这将考验思政课教学管理者的技术敏感度，也考验思政课教师信息化教学常态学习的自我适应能力，为迎接下一轮技术革命对思政课教学形成的影响做准备。对于思政课信息化教学而言，下一步的研究可以围绕具体细分的技术做专题研究。譬如，人工智技术能如何让思政课"智能化"，这个"智能化"如何介入师生的教学过程，产生新的教学火花，实现教学质的飞跃，是值得关注的内容；虚拟仿真技术如何让思政课教学穿越虚拟时空，在虚实结合中演绎教学内容，为教学时间和空间的拓展实现转场；区块链技术如何赋能思政课，让思政课信息化教学实现数据参与的去中心化效果，实现师生人人参与的共享课堂等。诚然，这里罗列出的技术样态不是最近产生，也不可能在短时间内被新的技术更替，还是有一定的研究实效性。但是，我们也要注意，新技术在思政课教学领域已经有了应有的前提基础，任何一项新技术的产生都不可能首先为思政课教学直接服务，都是通过各种技术的社会适应发展再融入教学领域；也就是说，教育界会对各种技术的特性进行分析，产生结合点后才会逐渐向教育教学领域融合。在未来的思政课信息化教学研究中，至少我们要做到保持开放共享的态度去面对新的教育技术革命；用科学的态度去分析研究技术赋能教学的各项要素；用守正创新的理念去实现信息技术与思政课教学的深度融合。

第一章

信息技术推动高校思政课教学变革的时代趋势

信息化在国民经济和社会发展中具有重要战略意义，中国自 20 世纪 90 年代起，历届政府都将信息化纳入国家重大发展战略目标范围。以信息技术为代表的新一轮科技革命方兴未艾，互联网日益成为创新驱动发展的先导力量。信息技术与生物技术、新能源技术、新材料技术等交叉融合，正在引发以绿色、智能、泛在为特征的群体性技术突破。信息、资本、技术、人才在全球范围内加速流动，互联网推动产业变革，促进工业经济向信息经济转型，国际分工新体系正在形成。信息技术代表新的生产力、新的发展方向，推动人类认识世界、改造世界的能力空前提升，正在深刻改变着人们的生产生活方式，带来生产力质的飞跃，引发生产关系重大变革，成为重塑国际经济、政治、文化、社会、生态、军事发展新格局的主导力量。全球信息化进入全面渗透、跨界融合、加速创新、引领发展的新阶段。当今世界，信息技术创新日新月异，以数字化、网络化、智能化为特征的信息化浪潮蓬勃兴起。没有信息化就没有现代化。适应和引领经济发展新常态，增强发展新动力，需要将信息化贯穿中国现代化进程始终，加快释放信息化的巨大潜能。以信息化驱动现代化，建设网络强国，是落实"四个全面"战略布局的重要举措，是实现"两个一百年"奋斗目标和中华民族伟大复兴中国梦的必然选择。

随着现代化科技的迅速发展，以计算机和网络技术为核心的信息技术渗透到经济、政治、文化、教育等各个领域。信息技术在高校思政课教学领域的渗透不可避免地对传统思政课教学产生了重要影响。新时代全面建成社会主义现代化强国其所赋予信息技术具有更为深远而广泛的要义。信息技术和教育之间的关系就产生各种千丝万缕的关系，蕴含各种主题和含义。教育部部长陈宝生在十二届全国人大五次会议新闻中心举行的记者会上指出，我们高校思想政治工作正处在一个转折阶段，高校思想政治工作存在亲和力不够、针对性不强等主要问题。针对这一问题，探究如何进一步推进信息技术与高校思政课教学的深度融合，增强高校思政课的亲和力和针对性，提高教学实效性，更好地落实"立德树人"的教学目标。进一步强调了信息化在思政教育中的重要性及关键性地位。因此，为适应技术带来的千变万化，利用视觉空间智能的新优势，同时弥补更高阶认知过程中的弱点，实施信息化教学可以让原来仅仅局限于校园环境内受教育的学生能够扩大他们在不同时空中的互动可能性和对各种多样化资源的获取，并能通过使用在线远程和混合课程中实施各项技术教育能够为这些学生增加了更多的互动和协作交流的机会。充分发挥信息技术在当前教育中运用必须进行更广泛地研究，以解决与信息技术集成相关的复杂性和挑战。

新时代的今天是一个人类能够充分接触到信息社会的新世纪。随着现代教育技术的发展和广泛应用，教育将呈现出现代化的特点和发展趋势。对现代信息技术在思想政治课教学中的重要问题进行了探讨和研究，对现代信息技术在大学思政课教学中的应用提出了建设思路和展望。对现代信息技术在高校思政课教学中的应用提出一些可行的建议。经过对思政课教学改革和信息技术思政课的思考，现代思政教学技术已成为最重要的课题。现代教育的应用将对思政课教育产生深远的、积极的影响。综合国际研究成果与中国现实相结合，现代教育技术的定义是：现代教育技术是指对现代教育理论和现代信息技术的运用。其中，包括现代教育技术、教育心理学技术、教育、信息和传播技术等有机整合媒体设施。现代教育技术可以解决教育层次的问题，包括教育规划、课程开发、教育结构和评价等不同层次的问题。

现代教育技术分析和解决问题的基本思想是以学习者为中心的。现代教育技术关注的是学习者和教师的需求导致的间接教学形式，通过设计、主办、示范和评估到教师主导的教学职责履行来实现。现代教育技术的研究与实践是学习过程的对象，学生在学习过程中确立了主导地位。现代教育技术资源，注重学习设计、开发、利用和管理，不仅研究教学资源，而且重视教学过程的研究，只要与学习资源接触，学习者就可以使用自己认为合适的学习方式。现代教育技术学习资源使用系统方法的各种教学方法和学习过程需要设计、开发、利用、管理和评估。

在信息时代，在促进素质教育今天，随着信息的多样化、大规模、信息交换复杂、知识不断变化，学生接受的教育更加丰富，师生互动更加复杂，随着科技教学方法的发展将不可避免地发生很大变化，任何大学都不能忽视现代教育技术的存在。而其他现代教育技术对教育体系系统地影响整个设计和运行过程的所有要素，旨在实现最优的配置要素和功能，发挥教育体系的最佳特点，实现最优的思政课教学。思政课教育过程已成为发展和增强学生的主体性、意识和道德素养的过程，具有学习综合发展人格素养培育能力。现代教育技术不仅能帮助学生提升整体教育的体验感和兴趣度，也能高效完成理论知识学习的同时感悟品格素养提升，思政精神和价值情怀、奋斗目标等，还能实现培养学生主观能动性的实践目标。探索信息技术推动思政教学改革既是时代发展的必然要求，也是思政教学应有的题中之义。今天是信息技术推动的经济快速发展的时期。随着信息科学技术的进一步发展和发展，它逐渐渗透到社会的各个方面，带来一系列的技术创新和变化。思政课教学也是如此。随着我国教育信息化的快速发展，各种多媒体和现代教育技术在课堂教学中得到广泛应用。掌握信息技术与现代课堂师生的关系已成为新时代实践思政课教学改革不可或缺的关键一环。

第一节　信息化技术服务思政课教学的现实需要

信息技术服务思政已经成为思政教学主旋律，人们思维、行为和生活的改变离不开信息技术的快速发展，使得实践活动的空间和时间也发生了巨大改变，如何坚持应用驱动、机制创新推动技术运用于思政教学？如何加强顶层设计、多方协同推进进行思政课教学创新是新时代赋予了我们思政课教师新的历史使命。运用信息技术使思政课活起来，实现技术与人、与社会、与环境之间深度融入，有效增强思政课时代感、吸引力、亲和力。

一、国家关于思政课教学改革的发展趋向

信息时代的到来使得信息技术对思政课教学的影响越来越深，二者的关系越来越密切，各个国家和地区越来越重视信息技术与教育教学的融合。我国教育事业将其发展战略定位在以教育的信息化带动教育的现代化。近几年，我国教育部多次下发落实信息化发展政策，狠抓各项教育工作的落实，不断加大对教育、教学实施信息化的规范力度，加强信息化教育的治理能力，以更好地促进教育的信息化发展。2012 年，在《教育信息化十年发展规划（2011—2020 年）》中首次提出"信息技术与教育教学深度融合"这一实践概念。〔教育部编制：《教育信息化十年发展规划（2011—2020 年）》，教技〔2012〕5 号文，2012-03-13〕这对于实现教育全方位创新，提升教育教学质量，构建学习型社会、人力资源强国具有重要意义。2016 年，习近平总书记在全国高校思想政治工作会议上强调，"要运用新媒体新技术使工作活起来，推动思想政治工作传统优势同信息技术高度融合，增强时代感和吸引力。" 2017 年，《高校思政工作质量提升工程实施纲要》再次指出，"推动思想政治工作传统优势同信息技术高度融合"。2017 年十二届人大五次会议记者会上，陈宝生部长讲到思想政治理论课抬头率不高，人到了但是心没到，原因是课程内容不能够适应学生的需求，配方陈旧、工艺粗糙、包装不那么时尚，进一步强调线上要运用好网络和信

息化手段，建立起思想交流的立交桥。不可否认，在信息化时代下，实施"互联网＋教育"的教育模式已经成为一种不可逆转的趋势，要让教育教学产生不可估量的效益，就必须要紧跟信息化时代步伐，促进信息技术与教育教学融合，实现"立德树人"这一根本目标，不断探索新局面、新形势下教育信息化的有效途径。

二、学校思政课高质量发展的实际需要

高校思政课落实立德树人的根本任务。在新发展阶段下，面对新形势、新变局和新问题，新时代的思政课教师要有新理念、新思维、新格局，不断推进思政课高质量发展。以培养一流的人才为出发点这是思政课高质量发展首要目标，并坚持将以为中华民族伟大复兴培养复兴栋梁、强国先锋为己任，不断高效提升思政铸魂育人的层次和境界。坚持需求导向、成果导向、参与导向和能力导向是思政课高质量发展应当深刻坚持的，在教学理念、课堂教学、实践教学、教学考核和教师能力建设等方面要将践行高质量发展认知贯穿教学始终，不断推进思政课守正创新，持续提升思政课教学质量，不断提升思政课获得感，着实提升学生"学、思、践、悟"能力。高质量就是高要求高标准，要达到培养一流人才的目的。动态发展是高质量发展本质特性。那么，思政课高质量就是要时刻随着经济社会发展的要求充实教学内容，丰富教学形式、实践形式，提升考核标准和人才培养标准，建立思政课高质量发展的长效机制。同时，高质量发展必须是全方位全局的大发展，并不是某个方面的发展，只看局部忽略长远的发展，任何影响思政课发展的短板问题都该有效规避。坚持思政课高质量发展的核心目标，就是要提升教学高效性，坚持和巩固马克思主义和习近平新时代中国特色社会主义思想铸魂育人，坚定学生的马克思主义信仰和中国特色社会主义信仰，深刻领悟"两个确立"，做到"两个维护"，增强"四个意识"，坚定"四个自信"，在新时代新征程上围绕党的中心任务而不懈奋斗，解决好培养什么人、怎样培养人、为谁培养人这个根本问题。长期坚持毫不动摇。新时代推进思政课高质量发展需要构建高质量思政课教学体系，以适应培养一流人才和"讲深、讲透、讲活"道理的目标。思政课应充分运用信息化技术手段挖掘高品质教学资源、打造高标准示范课、建立高精尖思政课堂、建设高素质教学团队，深入推进思政课守正创新，实现协调发展和创新发展，增强思政课的针对性、亲和力和实效性。当前思政课高质量发展需要强化问题意识，突出实践导向，增强学生自我修养，着力提升学生创新意识、本领意识和解决问题的能力。只有本领和能力强，才能真正解决中国式现代化、新发展阶段遇到的新挑战和新难题。

三、思政课教师自我教学能力提升需要

思政课教师自我学习及教学能力提升需要信息技术丰富，具有高度的思想觉悟，努力做到"慎独""自律"。时常对照党的教育方针、对照思政教育理念和目的、对照习近平总书记对思政教师提出的六方面要求、对照思政教师的初心和使命，主动查找、勇于自我革命、完善自身，努力提升自身教学能力水平和科研水平，讲好思政故事，讲深讲活讲透道理。打好教学组合拳，通过创新教学考核和打造高质量实践教学弥补思政课高质量发展的短板，引领思政教学创新，全方位促进高校思政课高质量发展。有的大格局和视野。始终心怀国家、心怀民族、心怀人民、心怀祖国的大好河山，融思政情怀于课程教学始终，不断从中汲取力量源泉，回答好"中国之问、人民之问、时代之问"。坚持从全球史和中国史中挖掘精髓，通过国内外对比、历史的纵横对比让学生感悟真理的力量，学会用马克思主义的立场、原则解决现实中的问题。这就要求教师要有心、用心、爱心，培养大爱和大格局思维；同时，运用信息化技术手段广泛参与思政教师教学能力大赛，通过以赛带练的机会，精心做好教学课件，梳理历史逻辑，让历史运行起来，活起来。在赛中感悟教师的使命与责任，并查缺补漏，发现自己的不足及时改正。再者，要不断提升教师自我的创新思维，才能更主动积极有效运用信息化技术进行教学，主动参与到技术学习使用中，实现虚拟与现实的双向交流教学。做到"用新用实用术"，增强学生学习兴趣和动力，着力提升学生思政获得感。最新的时政热点、新的人物事迹案例等贴近学生的生活，增强学生注意力，善用学生身边喜闻乐见的素材，尤其发挥好教师感染力和引领者的角色。主动探索案例式教学、情感熏陶教学、体验式教学、参与式教学等新方法和新模式，开展 OBE 教学实践，建立需求导向型思政教育模式；坚持思政课与新媒体、新技术的融合创新，在"微课""精课"基础上利用 VR、AR 等虚拟平台创新线下线上相结合的教学新模式，让学生有更多、更直接的获得感、满足感。增强教学设计和衔接，提升讲道理的自然度和流畅性。让思政课能更真实，更贴近学生实际，与学生产生共鸣。还有更为重要的是教师语言艺术的运用更需要不断学习提升。善用语言的艺术、行为的艺术，打造有特色、有亮点、有吸引力的思政话语体系，用有温度、有热情、有幽默的语言传授知识、引领学生、激励学生。多样化地开发校内外课程资源。全方位运用信息化技术手段不断挖掘和利用各种资源，不断反思总结，注重积累，融合专业课与校内外课程资源，发挥实训基地育人场效用，与专业课教师通力合作充分挖掘多样化的课程思政建设网络资源，构建高质量的教学资源库。在信息化技术赋能下更高效的提升教师自我的人格素养及教学能力、科研水平。

第二节　信息技术赋能思政课的主要价值

根据现代教育技术，更加重视在现代体育教育技术中思政课运用的现状和特点，更好地反映其体育特点和应用价值。现代教育技术在思政课信息化教学中的应用优势如图1-1所示。

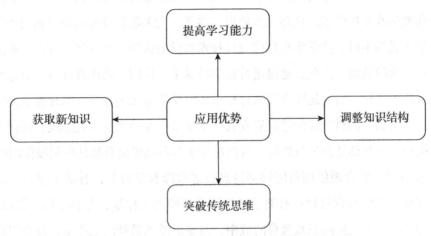

图 1-1　现代教育技术的应用优势

现代教育技术可以帮助获取新的知识。教学改革的目的之一是让学生吸收更多的新想法，学习技能和更新的知识，获得更多与思政专业和专业相关的新方法。毫无疑问，我们目前的课堂实践运用信息少、多方资源整合性少的教学课程内容必须从性质、结构、形式和方法上进行彻底的改革。传统思政教学是以教学环境为中心的思政教师教学，教育学生成为知识的对象，知识习得是被动的；而以学习为中心的学习是有导向的，学生是认知的主体。现代教育技术是对学习空间最有效的技术。学生可以选择符合学习兴趣的知识，深化现代教育技术知识的整合，可以提高学生教育的创新精神和能力发展的理念。

现代教育技术可以帮助学生调整学生的知识结构。目前，思政课程也有不同程度的调整和实践教学创新，其目的是调整学生的知识结构，以适应信息时代到来的需要。除了需要加强思政课本身教育内容改革外，还应大大加强人文、社会科学、计算机、专业技术知识等方面多方协同的思政课教学，这不可避免地使学生的传统基础结构发生了巨大变化。其中最为深刻的一点就是，以为学生利用现代教育技术提供可视化的教学情境，发挥人类视觉功能的双重刺激，激发学生极大的好奇心和对知识的专心观察和思考。在各种动态技术刺激动画中，易于活跃的学生的思维能力和想象力，从而激发学生对思政理论创新力。现代信息技术促进了实体教室的无限扩张，延伸了时间内涵价值，使得学生学习具有无限可能。同时，现代教育技术的运用充分发挥了思政课理论深入教学的优势、资源和环境的优势，现代教育技术通过虚拟仿真、360体验馆等技术手段使得思政教学要素处于积极而良好的互动状态，学生的获得感增强。能够充分发展了智力和非智力因素构成因素，提高思政教学质量，最终使学生实现综合思想道德品格素养发展的教育目的。可见，充分实现互动式教学离不开信息技术应用，通过互动运用现代教育技术实施创新教学模式，对思政教学课程和控制措施进行比较分析，采用定性和定量分析等方法，为优化思政课教学质量提升和教学改革提供了理论和实践依据。再者，大多数思政教师拥有相当程度的计算机辅助教学工具和手段，使学生对现代教育技术教学的认知，对现代教育技术在思政应用中的意义有清晰的认识。因此，通过进行教学技术手段应用，现代教育技术贯穿思政课全过程。根据教学目标，通过运用现代教育技术和教学策略来实施开展思政教学的实践技术操作顺序，并对相应的教学评价进行研究其应用结果。互动观察研究思政，探讨实施现代教育技术提高学生互动是否参与思政，对促进学生学习动机提升是具有积极作用的。

现代教育技术的合理使用将能够促进高校思政课教学改革，有助于提高思政理论学习效率，有利于现代教育管理；有助于减少思政教师的工作量，有利于网络资源的利用，教育资源的共享。大大提高思政教育的效率，减少思政课教师的工作量，改变思政教师教学理念和实现教师现代技术创新运用，进一步拓宽他们的信息化知识，对计算机辅助教学的培训提出高要求，这是现代技术与传统思政教学方法的结合。随着网络技术和多媒体技术的普及和应用，现代教育技术大学校园网络环境得到极大改善，良好的现代教育技术教学环境可以促进思政教师在现代教育技术教学中的各种资源开发和应用。因此，必须实事求是，因地制宜采取必要的相关措施，有效解决现代教育技术环境建设的问题，为教师提供更加便捷速度的信息化技术教学条件。当前，高校为了实现现代教育技术的教学发展必须增强硬件设施建设，优化资源配置，提升高校思政课建设的现代化水平。

一、高校信息技术发展优势

有利于增加教学资源，增加教师的教学经验。在以往的高校教学中，思政课教师所掌握和利用的资源非常有限，教学模式也非常简单。思政课教师的大部分资源只是教师的教科书、学生的教科书和其前辈所留下的教科书和讲义。当老师在课堂上时，他们大多会读一本书或一篇演讲，甚至每个老师的PPT的内容都是相似的。学生们对课堂没有兴趣，教学效果也越来越差。如今，通过互联网，思政课教师可以获得更多的课外资源，如，每一个不同版本的教科书，国内学校一些优秀教师的准备材料，或名人的讲座视频，甚至一些国外资源，这些都源于丰富多彩的网络空间。这些信息可以帮助老师在上课前做好准备工作，教师可以仔细比较网络上其他教师的教学模式和教学内容，相互学习彼此的优势，不仅拓宽教师的知识，还能更好、更有效地开展教学工作。同时，利用信息辅助教学来提高学生的整体素质。大学是一个人未来发展起决定性作用的时期。在大学时期，有必要关注学生的自我意识和创新意识的培养，以及学生对文化知识和专业素质学习方法的创新。当前大学生最大的任务是学习，只有结合扎实的理论知识和丰富的实践经验，才能成为顺应时代发展的竞争人才。对于理论知识的研究，高校思政课信息化教学的实现可以为学生提供更多、更好的资源。例如，许多高校马院将购买一些数据库权限，包括中国知识网络、中国共产党理论资源数据库和思政人文类数据库。这些数据库可以给学生的学习提供最权威和最前沿的思政类文献参考。这些资源在大学外很难获得，这无疑是学生自学发展的宝库。此外，在实践中，思政课信息化的实现可以使学生的实践类活动的开展更加方便、更快，通过网络分析获得的数据更有权威性，进一步提升学生动手实践和自主解决问题的能力。

二、数字技术推动思政课教学内容的精准化

教育部于 2022 年提出实施教育数字化战略行动，经过教育信息化 1.0 和 2.0 的建设，数字信息技术在教育领域的变革和创新已经全面开启，通过数字化技术引领教育高质量发展，不论是从融合数字技术到树立数字思维的变化，还是从培养数字化能力到构建新型的数字教育生态体系的发展，数字信息技术在教育模式、教学理念、体制机制等方面的变革创新和融合都朝着积极主动的方向发展。《教育部 2022 年职业教育重点工作》中明确提出"以数字化转型整体驱动教学模式变革"。思政课作为落实立德树人根本任务的关键课程，要担负起为党育人、为国育才的重任，就必须抓住数字化发展的新挑战新机遇，依托数字信息技术进行教学改革，重构教学模式，采用更智能化、更个性化、更灵活化的方式开展精准教学，重塑教学新形态。《教育部思想政治工作司 2022 年工作要点》中五次提到"精准"二字，包括"精准思政""精准施策""精准化供给""精准推送""精准服务。"将"精准"视为思政工作的核心要素。以"创新教学模式与方法、提高思想政治理论课质量和实效"。要满足新时代学生多元化、个性化需求，就要打破传统灌输式讲授方式，精准对接学生专业、学生生活、学生特点等，有针对性开展多样化思政教学。这就要充分发挥信息技术精准教学特色，将技术优势充分与思政课特点结合，实现思政课精准教学，提升思政课教学质量。通过信息化技术开展思政课教学，精准贴近学生，打动学生，精准辨别使用技术信

息真伪，贯穿思政课学习全过程。

精准教学是指在信息技术的支持下，为教师的教学设计、教学决策、教学指导、个性化干预、学生的学习补救和改进提供科学依据的支持下，通过跟踪、记录和学情分析过程的数据及其产生的原因，其核心是通过考试帮助学生。此外，一些学者认为，精准教学可以帮助教师进行有针对性的差异和个性化作业教学。而思政课教学是人们获得心理运动、统一感、论证和自信的主要手段之一，在这种情况下，信息技术对思政课教学中精准育人功能起着重要作用。需要思政课教师以问题为导向开展教学设计，增强自身运用大数据和人工智能等信息化手段开展教学的能力，提升精准教学的底气。从准备数据到采集数据再到分析数据都可以通过信息技术平台实现精准对接，通过数字技术使思政课能够实现因材施教，精准讲解知识点，达到精准教学的目的，这样才能够实现精准教学鲜活与丰富，增强时代感召力和增强学生的历史使命感，使得思政课具备吸引学生的无穷魅力，提升思政课教学的学生满意度。创新思政课信息化技术运用，使得思政课在学生成长学习中实现精准灌溉，让学生心灵获得洗礼，思想得到升华，心智受到启迪，斗志昂扬为国家建设贡献自身力量（见图 1-2）。

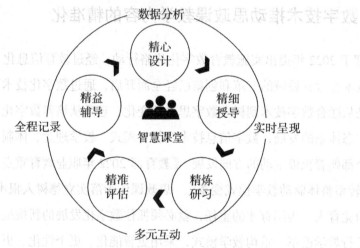

图 1-2　数字技术推动教学精准化实施

三、数字技术推动思政课教学过程的智能化

具备人工智能特性的智慧教育是当前数字时代时代教育创新发展的新形态。从技术资源进行整合的维度下，对辅助教学改进、赋能教学革新方面起到至关重要的作用。在数字技术支持下进行思政课教学改革，正走向数字化转型智能化新阶段。数字技术是引领

和推动思政智能化教学课堂转型的重要引擎。教学数字化变革的阶段特征和智能化课堂迭代发展的数字化转型属性出现，使得智能课堂引领教学数字化转型的逻辑框架和推进策略已经成为创新思政课教学改革新手段，为新阶段推进思政课教学数字化发展提供了实践参考。随着新兴数字技术加速发展与应用，技术支持的智能化教学变革不断深入，使得数字化技术下的智能教学发展将面临新的挑战与机遇。对数字技术与教学整合的课堂变革历程中可以知道，智能化教学是引领教学数字化转型的实践，有利于进一步深化新阶段技术支持的思政课教学变革，加快推动思政课教学智能化高质量发展步伐。

当前各种教育一直在使用信息技术来扩展和发展各种学科教育系统的不同过程不同资源不同方法，新技术的到来提高了通过各种呈现知识的方法来获取知识的兴趣的路径，数字技术对思政课影响力也就不足为奇了。今天，发达国家的大学可以实现以技术为基础的教育。在我国，我们发现聪明的学校在虚拟学习方面取得了一个跨越式的大飞跃。在线学习和远程培训成为 21 世纪中国的新教育形式之一。通过发展信息化技术的学习环境，个人和社会通过对教育的日益需求来促使学校等教育部门承担信息技术带来技术理性责任。今天，各种信息和交流技术都有能力促进数字思政教学和学习过程。今天，各种信息和交流技术都有能力促进教育和学习过程。思政课教学在信息技术飞速传播和发展的时代，教师通过使用大量的信息来源来帮助学生获取、选择、评估和存储信息，通过使用信息技术及其工具特别是计算机和规划现代教程程序如虚拟仿真技术等，加快信息传播过程的可能性，各种可识别的可重复的和可重复的学习来源，给学生们提供了更灵活的结构，更全面的信息搜索和更具深邃的元认知理解的可能性，他们可以使用这个技术设备作为一个工具的教育参与活动，有效地提高了学生的学习兴趣和速度，学习质量显著提升。信息技术赋能思政课教学使得课程具有很高的灵活性，在不同时间和地点的学生和教师能够更好地履行他们的职责。我国教育信息化领航者何克抗对技术与课程整合进行了系统的研究，从信息技术与课程整合发展到信息技术与课程深度融合，并提出了智慧学习环境下的课堂教学结构性变革理论，直接指向课堂教学的革命性转变。技术数字化升级进一步促进思政教学方式变革、模式革新，推动课堂智能化进程。基于数字技术与思政教学的整合互融互通，呈现为数字技术对教学业务的"数字化"影响特征即智能化实现，这是通过数字化升级发展促进教学革新。在信息技术应用方面，可以基于互联网、云计算、大数据、移动互联网等新一代信息技术，构建网络化、数字化学习环境，打造数字化教学资源和服务平台，支撑教与学改革，优化教学业务流程，即教学智能化实现过程。使得学生的思政理论学习得到增强和提升；在数据挖掘利用方面，思政教学的数据在教学运作中发挥重要支撑作用，不断深化教学智能化运用，并反过来使得大数据技术更好地实现全量数据的挖掘处理，支持多模态学情数据分析、教学决策预测、教学干预调整等，促进教学流程与结构优化，实现思政课信息化技术运用发展立体化生动化的实践智能教学。可见，"网络化""数字化"引发了思政教学方式的变革，对思政课教学智能化实现起到优化与增强作用，促进教学智能化系统结构发生局部改变，有助于创新信息化思政教学模式的革新。如图 1-3 所示。

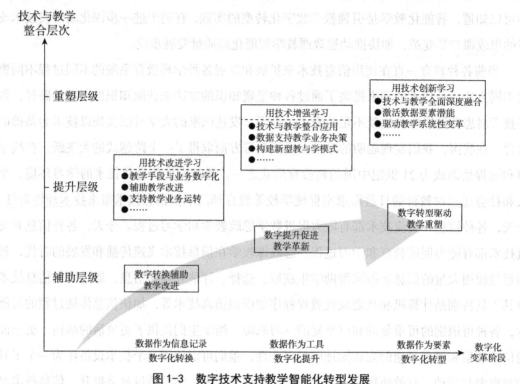

图 1-3 数字技术支持教学智能化转型发展

四、数字技术推动思政课教学形式的多样化

信息技术带给大众的便捷使人们更加便于获取到各种各样的信息，并乐于进行信息生产和传播，信息的获取者不断增加，信息的制造者也在不断增长，信息内容在不断缩短，媒介终端在不断发展，网络技术在不断提高，这些都促进信息传播速度的提升，其结果就是使得开展思政课教学可以形成多样的形式。可以通过建立虚拟仿真教学场馆、360 体验馆等的各种信息技术发展带来的思政课理论教学与实践应用，学校可以被视为提供对信息技术、资讯科技意识的最重要的渠道。IT 文化在不同教育水平上的延伸对社会带来了巨大影响。学生不仅将在未来转向积极生成 IT，而且将能够在社会和家庭环境中推广 IT 文化方面发挥重要作用。很明显，首先，教师应该能够了解现有信息技术发展运用设施的种

类，而不是忽视它。这需要教师培训计划，以促进 IT 带来的新各种教学形式。在当今世界，思政课教学需要现代、适度和广泛多样化的技术，以满足其对不同学生不同环境需求。思政课教学应通过信息化技术手段扩大人力资源，提高技能实践效果，更大范围提高思政课教学中的劳动力效率。以提高更好的思政课教学水平和教学形式具有的创造力。随着"互联网＋"教育时代的到来，许多学者研究了无数的在线教学模式。例如，中国大学的 MOOCS 是中华人民共和国教育部和教育部合作的在线教学项目。该平台为大学生提供了优秀的思政课教学在线课堂；一些学者还将在线作业平台应用于思政课实践教学作业中，充分发挥在线平台协助教学的便捷性功能，提高了学生的学习兴趣、学习热情和学习成绩。数字技术多样化表现在可以通过音频、视频、文字、图像等多元形式，使得高校思政课主体进行可视化、形象化与精准化教学。数字技术的多元形式，为高校学生的思政学习带来较为轻松、新奇及主动的学习体验，使学生开阔视野，尽情享受数字技术的科技感。这种多元特征是由科学技术自身特性所赋予的。

习近平总书记在学校思想政治理论课教师座谈会上对高校思政课多样性的阐述是"具体落实要因地制宜、因时制宜、因材施教"，即思政课教师在坚持统一性的基础上，要依据实践因地制宜、因时制宜、因材施教。因地制宜即在具体的教学中，在以教材理论知识为主的前提下，思政课教师要善于根据教学内容选取合适的教育资源辅助理论知识的理解，教育资源的选择要考虑地方、学校特色，要善用本地红色资源。因时制宜即思政课教师在教学中要顺应时代的发展，借助互联网＋的优势，将课堂教学与互联网相结合，实现线下与线上教学相结合。因材施教强调的是思政课的教学方式要因师生的差异而进行调整。思政课信息化技术运用是要形成积极向上健康丰富的信息传播学习，既可以通过多媒体技术，也可以通过情境式教学，技术体验场所，实习实训基地等载体充分开展信息化思政课教学。通过正确的信息传导思政课内容，并实现过去枯燥古板的教条式说教，实现教学的灵活生动，使得思政课在技术信息的助力下快速发展。

思政课教学方式方法的多样性是思政课全方位、多元化育人的差异化表现。教学方法是指为了实现教学目的和教学任务的要求，师生在教学活动中为了达到高效教学而采取的一系列方式的总称。因材施教的思政课，建立在对受教育者学生的全方位理解，并尊重学生主体地位和学生间差异化开展形式各异的教学，因材施教强调的是思政课因受教育者的差异而导致的思政课教学方式的差异，其核心就是融合思政课与学生之间不同，通过信息化技术手段创造不同的教学方法高效实现教育有效性，包括有创设情境、案例讨论、主题实践等形式融信息化技术实现思政课教学与学生需求的和谐统一。首先，开展思政课教学主要以学生为教育核心主体，但学生来自五湖四海，出生背景、性格、认知水平等各因素是具有很大不同，个体特征及其认知度也存在差别，思政课教学要充分发挥信息数据技术手段通过网络等平台创造适合不同学生的学习模式。并要理解和尊重个体差异的基础上，通过网络信息化技术设置不同教学模块进行思政课教学，其信息技术数据在虚拟和现实之间，不受空间和时间限制能够更好的遵循学生的成长规律，发挥数据技术赋能思政课教学，使得学生能更好地接受理论课学习和增强学习思政课的兴趣爱好。我们在面对来自不同民族学生的时候，要充分尊重学生的民族风俗习惯，对课程教学内容形式要实事求是的进行差异化调整，更好地发挥技术手段效能，实现教学有效性。其次，高校学生在不同的学习阶段其需求和个性化特质也是不一样的，并且由于各个学生所处的专业类别不同，对思政课的认识也存在着一定的差异，尤其对理论知识的获取的积极度会与学生本身的认知差异有很大联系。在理工类专业学生由于专业属性以及之前受教育阶段的文理分流导致部分学生对思政课程理论认知程度不深，还存有只是为了凑够学分、及格万岁的想法，课堂上出现大范围的"低头"一族。针对此现象，虚拟仿真技术等各类信息化技术教学开始进入教学课堂中，多样化的教学出现是为了更好地适应群体及个体之间传统而开展的各类教学方法调整。由此，根据师生的群体和个体差异实现高校思政课教学的数据技术因材施教，针对不同的教学内容，选用恰当的教学方法，可以选用大数据技术运用的情境化教学资源库、游戏化教学资源库、红色文化资源库、思政理论资源库等学习数据库；同时，包含有数据库的处理内容，实现虚实融合的思政课教学空间各种技术资源、在线课程资源、在线教学方式等要素的多样方法运用，实现师生热情讨论，激情辩论，别具一格的案例体验教学形式，更为生动地诠释教材理论知识。数据技术基于空间、时间、师生维度等要求建立符合学生实际的数据资源，不断创新教学内容、教育资源、教学手段和教学方式方法，实现思政课教学的多样化。

第三节　高校思政课信息化教学呈现的样态

现代教育技术的应用越来越广泛，这不可避免地会在实际教学中造成问题，使得思政课信息技术运用呈现不同的问题。现代教育技术实践突出了三个误解："理论与技术的分离""伦理失范""应用优先"。为了避免和纠正教育技术实践的偏见和缺点，然后优化教育技术实践的过程和结果，有必要通过对技术的使用周期、使用难度、使用结果等分析，找到教育技术实践呈现问题及其原因，进一步缓解和纠正教育技术实践中的问题。因此，进一步建立一个特殊的现代教育技术，并设计适当的思政特点教学管理信息系统来节约人力资源和提高思政信息水平实现资源共享，这对实施科学思政教学管理和创新思政信息技术化教学改革具有重要的意义。

一、技术使用认知弱，技术伦理呈现"善"失范，忽略人才培养的目标

对信息技术的认识不足，忽视了人才的培养。目前我国高校信息管理体系没有突破传统的高校管理体系，仍存在许多难题。对于大多数高校来说，学校的信息建设和管理部门只有网络中心。在大多数学生和教师看来，网络中心只有管理校园网的任务。这显然是对信息化的理解的偏差。如果你充分利用学校的网络中心，你可以使教师的教学更加标准化和现代，让学生总能知道最前沿的信息；但事实上，我们周围的大多数学生和老师都使用学校的网络来娱乐自己并不能自觉自律开展教学或学习活动。很多远程数字资源和中国知识网络使用很少，使用力度不够。此外，信息化建设初期的主导力量是技术人员，但经过一定的发展阶段，需要更多的管理人员，而不是单纯的技术人员。

教育技术实践的伦理失范性，教育技术的实践伦理是技术伦理和教育伦理的重要组成部分。教育技术实践是实现和测试技术和教育伦理的重要环节，也是确保技术好坏的关键。缺乏教育技术实践伦理的表现，教育技术已经被教育传播和技术协会定义为对学习的过程和资源的设计、开发、利用、管理和评估的理论和实践。就技术与教育的关系而言，教育技术实践必须具有伦理性在于教育技术实践需要始终维护教育利益，不能删除和破坏。教育的目的、内容和方法都以"善"为最终的标准和标准。所有的技术、计划、实践和选择都是针对某种良好发展目标而进行的。然而，教育技术实践伦理的现状和实际状况却有很大的不同。媒体技术强大的显示和传输功能带来的过度教学信息，信息垃圾带来的信息污染等都产生负能量。不道德的教育技术的实践违背了人类和教育的本质，对受教育的人造成了不可估量和不可逆转的伤害。教育技术伦理的缺失在于：教育技术实践的非伦理本质并不指向教育技术本身。技术中立的倡导者认为，技术的使命和责任是由人类赋予的。它是教育技术的实践者，导致了非道德的教育技术实践的结果。换句话说，不道德的技术从业者直接导致不道德的技术实践。在教育技术实践中，技术从业者的不道德性主要表现为：违反教育教学原则，违反人类身心发展的特点和规律，违反道德规范，以及教育技术的应用不当。与许多关于技术破坏生态和导致道德衰退的批评相比，纠正教育技术的

不道德本质也是非常迫切的。

二、技术使用难度大，技术服务教学较复杂，缺乏教育技术实践的前提

目前，教育技术实践与教育法律和原则并不完全和谐，相互推广。在应用教育技术之前，在教育技术实践与教育法律和原则之间，教师往往会考虑一件事，而失去另一件事。这种情况主要体现在两个方面。首先，将教育技术置于教育的法律和原则之上。这主要表明，教育技术的从业者过分强调和依赖于教育技术。在"注重发展"和"效率第一"的价值观的指导下，教育技术倾向于以提高知识建设和能力发展的教学效率为主要目标，过分强调发展的意义和价值，忽视真实体验，明显不利于学生的情感体验、精神成长和领域转化。其次，忽视了教育技术的教育本质。这主要反映在教育技术的教师过于重视甚至坚持教育原则和法律，坚持教育理论，缺乏承认教育技术，忽视教育技术的教育属性及其促进教育发展的实际功能。

教育技术作为思政课教学实践的辅助手段和工具，被引入其中的教育实践是因为教育技术可以满足学生们的教育需求，并在一定程度上解决和解决了教育问题。然而，教育技术的优势并不足以促进其主导地位和作用。任何教育实践都必须以相关的教育法律和原则为基础。教育技术实践是教育原则和法律的载体，代表着教育原则和法律的存在。教育技术的实践不仅可以验证教育的原则，而且还可以促进人们获得那些更符合教育现实的原则和法律。在教育技术实践中，教育原则与教育技术始终是紧密联系的，共同促进了思政课教学技术实践。

三、技术使用范围大，技术热引发现实畸变，割裂理论与技术统一性

教育技术实践的理性前提的缺乏，可能是由于技术实践者过分强调教育技术或由技术实践者坚持教育原则造成的。现代技术的干预，从其动机或最终效果出发，具有很强的工具性和辅助性。技术实践的主体是掌握和遵循教育活动的一般原则和法律。然后以此为基础的教育技术实践活动可以促进技术价值和功能的最大化。这就是教育技术实践中"理论与技术分离"的前提。在教育技术实践中，"理论与技术的分离"要求既了解教育的主体，又了解技术的主体，是一个既能掌握和遵守教育原则，又能应用技术的现代人。只有掌握

和遵循教育原则，才能利用教育技术快速有效地实现教学目标。技术和理论可以是相互联系的，这是现代技术的福音，在今天的技术和人类对立的泥潭。在把握和遵循教育原则的前提下，利用教育技术提高教育活动的效率和优化教育效果，是教育技术实践者的必要能力，也是技术实践成功的根本因素。

同时，高校信息化建设体系不完善，缺乏对技术统筹规划，使得技术使用范围没有一定限制，造成一些过分依赖技术而形成的教学管理。其实，在高校信息化教学建设的过程中，学校面临的最大问题不是技术的落后而是学校传统的管理机制和制度。在传统的大学模式中，网络部门是一个可有可无的部门。这个想法在几年前可能是正确的，但在今天的信息高速发展，学校并没有改变他们对网络部门重视程度，在中国大多数高校，信息管理一般由部门主管负责。他们的权威和工作地位在很大程度上决定了他们在学校建设中的发言能力，这使得信息管理很困难，可以上升到发展的整体战略高度。此外，高校信息化建设面临的主要问题是缺乏统筹规划和统一管理。在大多数高校中，各系部都有自己系部信息管理系统，信息内容范围广，这些系统的标准和系统管理方法不同，使得学校难以统一管理。

第四节　高校思政课信息化教学发展的趋向

在世界各国推动高校信息技术建设的背景下，在提高我国高校整体国际竞争力的要求下，必须不断加快我国高校思政课信息技术建设，在信息化浪潮中勇敢前进。虽然目前高校信息化的发展还没有取得最终的胜利，但我们相信，在所有思政课教师工作者的努力下，高校思政课教学改革肯定会突破传统的监禁模式，实现思政课教学新的跨越式发展。由于信息技术的不断发展和广泛应用，教育将呈现出现代化的特点和发展趋势。近年来，随着信息技术的发展，互联网产业发展迅速，信息化教学由此而出现。特别是在教育行业，信息技术与教育的融合打破了传统的在线教育模式，为教育改革带来了新的源泉。"信息技术＋教育"不仅得到了国家层面的支持，而且在许多学校也得到了应用。由此，思政课信息化教学模式是现代社会信息技术包括互联网发展在内的产物，具有打破时空限制、优化学习方法、整合优质资源的重要性，得到各项社会实践的支持。信息技术在线思政课教学打破啦传统与现代的界限，实现二者融合统一，互利互惠共同发展。并能够有效将线上和线下结合起来，互通有无，助力教学效果提升。实现虚拟与现实的深度融通，互相补充，共同进步。

一、传统与现代的交替，思政课信息化教学寻求平衡点

现代化的今天，知识和信息是获得生产力、竞争、财富和舒适的主要关键。因此，信息技术在提高教育质量的方法上具有无限潜能。思政课信息化发展同频共振孕育而生，当前思政课实践教学离不开信息技术运用，虚拟空间与现实教学环境的关系越来越密切，使得传统思政课教学与信息技术教学进行碰撞，二者相互统一又相互对立，互相促进又相互影响。把握两者的契合点，平衡两者的关系，推进传统教学与现代信息技术教学的融合，守旧创新并与时俱进，使得思政课的教学内容能够在现代化技术运用的虚拟化空间和现实教学空间中真正的得到传授，保证马克思主义主流意识形态能够很好地传播，提高教师教授相关理论知识的效率和学生学习理论知识的效果。与此同时，进一步促进信息技术虚拟空间的健康发展。信息技术的发展不断拓宽和丰富虚拟空间，在这一大环境之下，高校思政课既要抓住机会促进自身的改进，同时又要发挥好引领作用，为信息技术虚拟空间的健康发展立正航标。信息技术的发展把人们从之前的物质世界带到了虚拟世界中，人们在虚拟的空间中接受着各种社会思潮，寻找他们所需要的各种资源，传承传统教学的优势同时，弥补传统教学存在的不足，更好地实现思政课教学的高质量发展。

新时代的社会主义现代化建设，多媒体技术和网络技术作为信息技术的核心，发展超越，在社会各个领域发挥着重要作用。整个社会正处于工业社会向信息社会转型的关键时期，各行各业正从资本、物质密集型向知识、知识和技术密集型转型。技术已成为经济增长的决定性因素，信息技术广泛发展已成为世界经济和社会发展的共同趋势。在这种情况下，教育由于信息技术的强烈影响，将在教育目标、结构、内容、工具和教学评价方面发生重大变化，与现代化接轨实现技术有效性运用。当前，许多发达国家都注重下一代的信息质量，全世界都在加快信息技术在各教育领域的进程。传统的学校模式一开始并没有推广使用信息和通信技术的使用，随着现代化教育技术的不断发展，信息技术被视为教学内容，而不是教学方法，现代教育与传统教育的不同就在于现代技术核心是从基本技能向信息技术的转移。信息和通信技术的发展正在出现一种以消费者、市场为导向的实践教学模式。我国现代化教育领域的信息技术应用于以下领域：一是信息中心，或以网络为中心，一般由资源服务器、Web 服务器、数据库系统和骨干交换机组成。它负责整个校园网的信息交换和网络保护的运行。二是多用途教室。这是指拥有多投影系统或大型彩色电视系统的教室，不仅可以连接到闭路电视系统或学校网络，还可以供讲师进行演讲、研究

论文、普通课件演示和计算机教学。三是计算机网络教室，即将计算机网络教室连接到局域网，是局域网最有用的应用。教学内容可以直接从网络中发布。该课堂主要用于信息技术教学、计算机练习等辅助学习项目。四是虚拟库，以数字形式将大量图书和资料存储在资源服务器中，或通过资源服务器提供多媒体信息资源。学生和教师可以通过计算机网络轻松地查询、检索和使用数据。五是其他应用，如校园卡系统，意味着利用校园网和智能卡（IC卡）技术，然后IC卡可以作为学生身份证、电脑卡、借书卡、电话卡、餐卡，从而实现学校的电子信息管理。这是现代化的信息技术发展出现的信息技术在思政课教学，思政课教学中信息技术将有助于提高思政教育的素质，培养学生的创新精神和实践能力，既要吸收传统思政课教学的优势，传道授业解惑，同时也要与时代技术接轨，运用现代化信息技术，按照教学大纲和教学大纲，高效传授学生知识、技术、发展和增强学生道德品质，对学生进行共产主义远大理想和道德教育，并辅助信息技术手段实现教学的立体化、生动化。思政教学必须坚持立德树人，为党育人为国育才的目标，对学生的思想认知和心理活动进行教育。其中就包含有枯燥难懂的理论知识，这就要求充分发挥现代技术运用于思政课教学，通过传统与现代教育手段的碰撞，紧密整合知识，掌握相关信息运用的技术和技能，运用技术于理论教学与实践教育。思政教育中的信息技术在很大一部分的知识体系中，正在改变和提升学生分析教学问题和解决教学难点模式和方法，提高了思政教育的有效性。该过程中信息技术突出了信息的获取、处理和应用的能力在思政课教学中巨大功效。

二、线上与线下的交融，混合式教学助力教学新增长点

学校教育发展应该为网络教育提供更多的服务和管理，因为网络教育可以激发学生的热情。在这个实体空间中，教师和学生、学生和学生、学生和学习资源都处于全方位的三维接触状态，互动非常方便。能够实现线上和线下的融合交流学习。特别是在小班教学的背景下，教师在教学时经常与学生互动，通过直接观察、眼神交流、话语问答和氛围感，教师有意识或无意识地调整教学内容、速度甚至教学方式。混合式教学在模式设计、教学方法和教学手段上也由最初网络＋面授的简单组合向"互联网＋"时代的多层次、多维度、多元化充分融合式发展。具有终身学习能力、知识创新能力与自主学习能力的高素质人才成为了新时代"全面发展的人"的核心素养，混合式教学是思政课教学新的发展步伐，许多人认为线上教育是在一个特殊时期的最后手段，认为它的影响将是短期的和有限的，最终一切都将回到以前的正常教学。这种观点显然是一种错误的看法。线上学习确实

有思政课原有线下教学时间地点的局限性，可以极大地扩大受众面，实现高质量的资源共享。线上线下融合发展的教学模式是现代社会互联网发展后教育现代化产物，具有打破时间和空间的限制、优化学习方法、整合优质资源的重要性。线上教学应以任务驱动的网络学习为基础。针对网络要求的硬件设施建设，软件终端运行高速运行，保持相对平衡稳定，更好地发挥信息化技术带来的学习的便捷性和灵活性。当前信息技术的线上教学课堂设置更接近物理实际课堂，能够更好地加强学生与教师之间的沟通和互动。线上教学的学习作为"互联网＋"时代的主流趋势，有着广阔的发展前景。但就传统的线下教育模式而言，它也有一定的局限性，存在很多不确定性，所以需要线下教学融合，相互协同，实现教学的最优化。在当今的信息技术中，人们接受的能力更强，这种新型线上教学也有更多的期望。线上教学作为线下教学的延伸，不仅是社会经济发展的必然结果，也符合高效学习和个性化学习的要求。

线上教学模式可以投入更多的资源和服务，因为在线教学可以突破时间和空间的限制。在线格式，就像一个虚拟的工作场所一样，为你提供了更多的灵活性。只要你在截止日期前完成任务，并与你的导师和相关同学们进行沟通，你在何时或何时满足要求都不重要。无论距离有多远，只要有一个网络，课堂教学就可以进行。当今信息和通信技术的快速发展，以及传统的学习方式，为人们获取知识提供了新的机会，允许他们选择学习的时间、地点、速度和数量。计算机网络的教学管理平台具有自动管理和远程交互处理的功能，可应用于网络教育的教学管理。远程学生的咨询、注册、支付、课程选择、查询、查询、学生状态管理、作业、考试管理，可以通过网络远程交互的方式完成。对于大学生来说非常合适，大学生有一定的自我约束力，能自觉主动开展线上学习。另一方面，大多数教师、家长和学生都认为线上网络教育难以保证教学的质量。网络学习不同于正常的面对面教学，这可能会导致一些学生，特别是那些自我督促学习能力较差的学生，在线学习模式下，学生的学习和生活习惯发生了变化，许多学生睡晚、睡起，影响了学习效果和身体健康。网络学习不足在于疏远了师生之间的距离，屏幕影响了说教、教学、消除疑虑和师生情感交流不确定性产生。此外，过度依赖互联网和电子产品将导致学生对这些技术和产品上瘾，严重影响学生的身心健康，危及学生的视力。大多数教师、家长和学生都不熟悉和习惯这些在线教学技术和工具，他们不可避免地在一开始就手忙脚乱。可见，通过网络实现的网络教育在中国存在很大的区域差异。这时候就需要同时与线下教学同步进行，对线上教学不足要回归到线下教学，充分发挥线下教学的优点，二者相互补充，能更好地提高学生的学习效率。

三、虚拟与现实的耦合，寻找思政课教学新的空间场域

信息技术将文本、图像、声音、动画等教学信息有机地整合在一起，没有时间、空间、微观和宏观的限制，直接进入人的感官器官，在思政课信息教学中实现较高的传播效率，帮助学生积极参与观察、实验、猜想、创造（模型）、验证、推理、沟通、解决问题等活动，帮助改变学生的学习方式，有利于实现学生的主导地位，帮助教师的角色转换将有助于建立一种新的师生关系。更重要的是，这种有效的校园网络整理和存储方式，使教学活动成果和资源有效共享，快速提高创新教育信息交流的数量和速度，最终为培养学生素质也提供了前所未有的虚拟学习环境。随着信息技术时代的到来，信息化、数字化、云存储等先进技术构建起了一个全新的虚拟空间，这种虚拟空间在一定程度上是社会现实的反映，它的存在和健康发展在某种程度上依赖于现实的教学环境；同样，思政课现实教学环境的完善也离不开信息技术虚拟空间的拓展。在当前现代化的教育背景下，虚拟空间和现实教学环境的耦合是高校思政课教学的必然选择。它进一步促进师生角色的重新定位，授知者从之前对知识的垄断变为对知识的引导，学生在这个虚拟的空间中可以使自己的认知心理发展特点与整个环境相适应，大大减少师生之间的代沟为信息技术与思政课教学更好地相融提供动力。随着信息技术在各学科中的运用虚拟空间与现实教学环境的关系越来越密切，把握两者的契合点，平衡两者的关系，推进虚拟空间与现实教学的融合，使得思政课的教学内容能够真正的在有限和无限的空间中得到真正的传授，提高教师教授马克思主义主流意识形态等相关理论知识的有效性。并且进一步能在现有实践教学活动中高效的促进信息技术虚拟空间的健康发展。

信息技术促进了思政教学、实践教学的现代化和教学课堂管理的标准化。随着社会的发展和进步，信息技术在学校思政课教学发展中发挥着越来越重要的作用，其作用也越来越明显。进一步加强信息技术在学校思政中的应用，使学校思政在提升学生道德品格中发挥重要作用。首先，信息技术虚拟空间的健康发展离不开高校思政课的现实教学促进作用。信息技术的发展使得虚拟空间不断拓宽和丰富，在技术快速发展的今天，这是高校思政课发展的机遇期，必须牢牢把握，不断改进不足，将引领作用发挥到极致，为信息技术虚拟空间的健康发展立正航标。信息技术的发展结果就是使得人们从自己生存的物质世界走到了虚拟世界中，能够在虚拟的空间中去感受和学习到各种社会思潮，将自己需要的资源找到为自己发展服务。可见，加强网络信息内容建设，维护网络安全，净化网上空间，创造一个健康向上的网上环境是我们所有现代化建设中所有人都要重视的。其次，高校思政课的现实教学环境需要信息技术的虚拟空间进行拓展和延伸。信息技术的虚拟空间跨越

啦传统教学中教室和课本的局限性，通过大量丰富的教学资源和社会最新的思想观点涵盖整个虚拟空间中，弥补现实教学不足。思政课教学改革改的就是学生的主体性地位，学生是整个教学开展的核心，当代学生对网络资源的需求只能通过信息技术的虚拟空间来实现，使得学生进行思政课理论学习的积极性就具备了。教师授课更加形象化、学生学习更加直观化这些都只能在虚拟技术中实现。同时，网络信息技术可以为我们保留大量的历史资料，高校思政课最大特点就是它的意识形态性和它的时政性，这是该门课程区别于其他课程最大特点，它始终与国家发布的最新政策息息相关，体现着社会最新的动态。新时代大学生正处于思维极其活跃、好奇心极强、价值观确立的关键时期，实现对学生世界观、人生观、价值观的正确引导是非常重要的。作为一门弘扬马克思主义主流意识形态的高校思政课程，学生或多或少对该门理论课程学习都会有排斥心理。对课程学习兴趣度就不高。因此，思政课教师可以通过了解网络空间中的最新动态，用"拿来主义"的态度来对待虚拟空间中的信息，必须取其精华，去其糟粕。结合思政课的授课内容引导学生运用马克思主义的观点来看待虚拟空间中传播的信息，合理利用学习网络空间中的教学资源，促使信息空间虚拟性向思政课教学环境现实性转化，真正的将"信息技术＋思政课"教学模式广泛应用于实践教学中。必须从思想和行为上打破教学资源共享和教学内容传播两者具有的局限性。必须始终坚定捍卫马克思主义主流意识形态在虚拟空间和现实教学环境下的引领地位，最终实现虚拟空间信息资源价值的最大化和思政课教学环境改善、教学资源共享、教学实效性提升的目的。

近年来，随着信息技术的发展，互联网产业发展迅速。特别是在教育行业，信息技术与教育的融合打破了传统的在线教育模式，为教育改革带来了新的源泉。"互联网＋教育"不仅得到了国家层面的支持，而且在许多学校也得到了应用。随着社会的不断发展，网络教育将在发展中不断创新，其优势将更加明显，缺点将逐渐改善。网络教育作为思政课教学的延伸，不仅是社会经济发展的必然结果，也符合人人对快速学习的愿望和个性化学习的要求。虽然网络技术教育仍处于发展阶段，但它将逐渐成为未来的主流教育模式之一，使网络信息技术教育和学习成为人们现实生活的一部分。在互联网技术成为当前时代发展的重要驱动力的趋势下，促进了大学教育的发展，也给大学教育带来了一场革命。大学、教师和学生在这类信息的发展形势下，它面临着前所未有的机遇和挑战。信息社会的高度发展应该表明，"互联网＋"绝不是对传统高等教育的否定和颠覆，而是一种替代和升级。毫无疑问，大学教育正陷入一场基于信息技术的巨大变化之中。盲目地"谈论互联网"，而如果闭上眼睛就只能被时代的浪潮所抛弃。我们必须增强信心，面对新的挑战，抓住新的机遇，规避潜在的风险，走上信息技术教育的新道路，不断进行教育改革，以满足信息社会培养创新人才的要求。教育信息化已成为信息社会教育发展和适应信息社会的必然条件。在教育信息化进程快速发展的过程中，对大学思政课教学的影响是一个值得我们深入思考和反思的。

第二章

高校思政课信息化教学的运用与经验借鉴

马克思曾指出："技术的发展将引起生产方式和社会关系的改变。"现如今，信息技术融入思政课教学是思政课教学创新发展的新常态，也是近年来很多高校不断探索和实践的改革方向。对于高校马院而言，利用数字技术的便捷性、多样性、可塑性开展思政课教学守正创新需要不断借鉴其他高校在这方面取得的优秀成果，在信息化教学普遍取得成效的情况下如何总结思政课信息化教学改革的现实经验是当前重要的研究热点。

技术是人类的一种最基本的实践活动，技术是作为人的存在方式而被确立起来，是连接人与自然的真正桥梁。思政课教学已经进入信息化深度发展的时代，教学过程呈现出拟人化共情性、生成化扩展性、社会化互动性、场景化体验性的数字时代特征。近十年来，数字技术融入思政课教学成为教育技术发展在思政课教学领域的新拓展。思政课是立德树人的关键课程，需要保持课程本身的政治性和理论性和思想性，信息化教学过程中需要利用数字化形式、智能化方式让教师把思政课讲深、讲透、讲活，发挥思政课立德树人关键课程的关键效用。从这个作用和意义层面去理解和把握思政课信息化建设的基本规则，更好地借助其他高校在开展思政课数字化教学的优秀经验，形成有助于在信息化建设方面相对滞后发展的高校借鉴的普遍性经验和成果。课题组成员近年来前往北京、上海、广州等高校马院开展思政课信息化教学改革专项调研。从调研的结果看，目前，数字技术运用于思政课教学改革的形势总体向好，呈现多样化发展态势，特别是数字技术新领域中的新产品的运用尤为突出。例如，区块链技术赋能思政课现代性发展；元宇宙虚拟现实技术助力教学空间拓展、虚拟仿真技术资源建设汇聚数字资源集群、人工智能实现师生教学深度交流等，以高精尖领域技术为代表的高科技技术产品正在快速融入思政课教学领域。此外，在欠发达地区，部分高校马院因为经费、师资、场地等客观条件的限制，在思政课信息化教学改革中采用的技术相对比较简单，呈现的信息化状态较为单一，主要是以简单数字技术的辅助为建设依据，体现出小技术，轻融入的教学理念，多以线上小程序、免费的数字资源为依托开展信息化教学，个性化定制的技术较少。

第一节　信息技术在高校思政课教学中的运用

规模化统一授课与个性化学习，在传统教育形式中难以找到合理的平衡点，但随着时代进步，利用大数据、人工智能等新兴技术，通过创新教学思路与方法、变革教学模式、重塑教学评价，赋能教学全过程，为打破"规模教育"忽视学习者差异性的壁垒提供了可能。信息技术全方位融入思政课教学不仅体现在课堂教学的实施过程中，还体现在实践教学的过程环节，所覆盖的范围应该包括思政课教学环节的方方面面。信息化技术融入高校思政课教学呈现的形式多种多样，在不同高校具有不一样的表现形式，但是本质上还是具有同一性，即作为一种媒介和载体发挥其助力功能，让思政课教学实现立德树人这一根本任务。从现实实践的角度去考察信息技术在思政课教学中的运用，有助于帮助思政课教师总体上把握技术服务思政课教学的主体形式、主要效果以及可以不断优化的空间，让教师使用技术服务教学更具有主导性和创造性。

一、信息技术在思政课教学中运用的主要形式

2023 年，首届世界数字教育大会在北京召开，大会倡议"应用是教育数字化最根本最强大的动力。数字技术与教育的深度融合，具有催生新的教育形态、革新教与学关系、推动治理方式变革的巨大潜力。"讨论信息技术在思政课教学中运用的主要形式，关键是要归类和分析主要技术类型的运用功能和效果。按照场域的类型而言，信息化技术服务课堂教学与实践教学所呈现的类型与形式也不尽相同。

1. 信息技术服务思政课教学知识的获取

马克思指出："理论一经掌握群众，也会变成物质力量。理论只要说服人，就能掌握群众；而理论只要彻底，就能说服人。"对大学生进行马克思主义理论教学是必要的。此外，按照习近平总书记在学校思想政治理论课教师座谈会上提出的"八个相统一"，思政课教师教学要体现价值性和知识性相统一。思政课教学内容的知识理论是课程价值引领的基石，不管是常规教学还是信息化教学，重视对大学生进行理论引导、推进大学生理论知识的消化掌握都是必要的关键。现如今，在思政课教学中常遇见信息技术的身影，信息技术的接入，有助于服务思政课教师将深讲透理论知识。对于技术服务学生理论知识的学习，先要搞清楚何为信息技术。广义的信息技术是指"能利用和事实上扩展人类信息功能的各种技术的综合。"狭义而言，信息技术特指"现代信息技术，是指应用计算机技术、

网络技术、数据库技术等智能技术对图、文、声、像等各种信息进行获取、存储、加工、处理、传递及其使用的各项技术之和。"

　　除了教育信息化外，教育数字化也是近年来流行的名词。何谓教育数字化？从教育构成要素（教育者、受教育者、教育方法、教育内容、教育环境等）的视角来看，教育数字化主要是三个层面的数字化。一是"人"的数字化，指的是教育中的教育者、受教育者等主体要具备数字化的意识、思维、能力等。二是"事"的数字化，指的是教育主体要以数字化的新方式、新模式开展教育活动。三是"物"的数字化，指的是教育活动中涉及的物质的数字化，如数字资源、数字化设备乃至数字化环境等。教育数字化涉及数字技术的运用，而数字技术是多种数字化技术的集合统称，其中包括常见的人工智能技术、云计算、大数据、区块链等。在思政课教学中，数字技术能高效整合教学资源，为教学内容的数字连结和数字呈现提供再创造的可能性。思政课教学涉及内容较多，如何有效利用信息技术将其内容有效整合，成为信息技术介入思政课教学全过程的出场起点。在大中小思政课一体化建设理念的加持下，对高校大学生进行思政课教学内容接受的学情分析越来越重视，以此来规避教学过程中对学生进行大量教学知识的"漫灌"。数字技术推进了高校课堂知识生产的效率，有效促进学生智慧力的发展，在过去较为传统的课堂中，师生通过感知、归纳经验和提炼规律来生产知识。如今，以数字技术为代表的新科技革命颠覆了教学过程中知识传递的模式和路径，教师借助信息化手段将数字化知识融入教学全过程，实现知识获取的自动性、多样性和集成性。现在，部分高校思政课教学改革的基础性工作便是对教学内容的数字化加工，建立各式各样的数字教学内容资源库，再通过信息化技术手段构建新的教学覆盖路径。例如，信息化手段助力思政课教学内容的获取和运转主要侧重于学生对知识获取的自主性和便捷性，教师不再是知识输入学生大脑和内心的唯一"加工者"。学生通过信息技术手段可以实现思政课教学内容课前的自学，也可以实现课堂教学课中知识的整合再学，还可以实现知识的课后延伸复习学习，信息化技术在思政课教学全过程链条中起到了"串联"的功能，为知识集结与知识的输出之间搭建了数字通道，为师生、生生之间互动嫁接了交往的渠道，改变了传统教学中知识"孤岛"的窘境，让知识的获取便捷化。

　　2. 信息技术服务思政课教学环境的营造

　　思政课教学不仅是理论知识的有效传递，还是大学生态度、情感、价值观的教育引导。在思想政治教育学的研究领域，教育载体的选择和环境的营造极其重要。马克思在《德意志意识形态》中指出："人创造环境，同样，环境也创造人。"良好的思政课教学环境会影响受教育者对知识的吸收效果，有利于增强思政课教学的实效性。数字技术、信息化手段介入思政课教学成为现在高校"显而易见"的教学创新，并且在形式创新上直观地显现出与传统教学不一样的新效果。信息技术如何改变教育环境？这是目前需要探讨的原生性问题。在过去，教师更关注的是教学内容整合，对教学环境营造的关注往往不是很重视。但现实教学环境对教师与学生的影响是客观而重要，在一定程度上可以影响教学效果的最终实现。信息技术通过符号传递改变知识的呈现方式；信息技术通过调节问答形式改变相处模式；信息技术对于环境的塑造不仅仅体现在这几方面，大家在教学课堂中看到了技术出差与技术在场所产生的环境变化都属于这个范畴。

环境不但构成发展的动力源，它也是发展的前提和契机。在讨论数字技术与信息化手段如何赋能高校思政课教学，营造良好的教学氛围，首先要区分思政课教学环境的主要类型。总的来说，思政课教学环境主要包括硬性环境和软性环境。硬性环境主要涵盖了教学场地、教学空间、教学设备等基础设施的建设，通俗来说，信息技术的硬性建设称之为"可看见"的环境要素。信息化技术介入思政课教学硬性环境比较常见的形式就是搭建适用于技术教学的思政课智慧教室。通常来说，智慧教室或者数字智能教室是最快优化思政课教学环境的"信息化技术集成体"。思政课智慧教室便于师生利用数字技术、智能技术开展教学交流，教室配备的信息技术具有集成性和多样性特点，基本可以满足思政课信息化教学的常态开展。例如，在疫情期间常见的开展远程视频公开课、在线实时教学录课、师生线上数字教学实践活动的开展等成为解决教学时间与空间交替错开的教学场域需要问题。如今，不管是过去疫情才开展的数字教学模式，还是现在的信息化教学常态化开展，其主要还是随着信息化技术的更新迭代而发生变化。当前，以虚拟仿真技术为代表的新技术"革命"开始大规模植入智慧教室建设，形成思政课教学硬环境建设的新形态。

虚拟现实技术的起源可以追溯到 1965 年 Ivan Suther-land（虚拟现实之父和计算机图形学之父）在 IFIP 会议上所作的题为"终极的显示"的报告，他提出了把计算机屏幕作为"观看虚拟世界的窗口"。20 世纪 80 年代初期，美国 VPL 公司的创始人、发明家 Jaron Lanier 正式提出"Virtual Reality"（简称 VR)，即虚拟现实。

何为虚拟现实技术？虚拟现实技术是指通过多媒体技术与仿真技术相结合生成逼真的视、听、触觉一体化的虚拟环境，使用户以自然的方式感知虚拟环境中的客体并进行体验和交互作用，从而产生身临其境感受的一种技术。创建和体验真正意义上的虚拟环境需要包括计算机图形学、图像处理和模式识别、人工智能技术、智能接口技术、心理学传感技术、语音处理技术、网络技术、并行处理技术和高性能计算机系统等方面的技术、知识和设备。虚拟仿真技术给思政课营造声光电集合的教学环境，通过虚实结合的空间形态将平面知识以立体化形式呈现，改变了思政课教学知识呈现的单一性，为思政课信息化教学提供了新的教学环境与场域空间的再造。诚然，良好的思想政治教育环境既是一种有形的，也是一种无形的感召力量。它能陶冶人的情操，使人在不知不觉中受到潜移默化地影响和教育，良好的环境具有吸引力、感染力和感召力。相反，不良的环境非但不能产生感召力和凝聚力，还会产生一种离心力。在信息技术与思政课深度融合的教学实践过程中，虚拟仿真技术在思政课信息化教学中所展现的技术力量主要聚焦于通过虚实结合的知识环境变化提升思政课教学的趣味性和亲和力。此外，虚拟现实等数字技术通过提供感性的色彩、声音、画面等符号将学生带入一个沉浸式的实践场域，触动学生的具身情感，让学生体验到自身生理感悟局限之外的虚拟世界，不自觉地产生与这种环境相协调的学习行为，进而影响其认知发生，并且通过吸引学生参与虚拟课堂教学，充分调动学生的积极性，以环境的改变促进教学实现效果的提升。

近年来，全国各地高校借助虚拟现实、VR、人工智能等现代信息技术推进高校思政课教学形式和方法创新，取得了良好的成效。例如，湘潭大学建设全国最大的以"四史"为特色的360度虚拟仿真爱国主义教育实践基地，上线"恰同学少年"虚拟仿真教学系统；华北理工大学充分挖掘唐山地域红色文化，打造"李大钊——马克思主义传播者"虚拟仿真实验教学项目；天津大学开发"走进"中共一大纪念馆等红色场馆深入学习伟大建党精神；西南财经大学开发"飞夺泸定桥"等特定党史虚拟场景，让学生重回革命场景，体验革命历程。

虚拟仿真技术与思政课教学的深度融合，拓宽了思政课教学的载体形式，为破解思政课教学教育形式单一、针对性和鲜活性不够提供了新思路，是信息技术助力思政课教学环境建设的典型形式。信息技术在思政课教学硬环境的搭建起到了夯实思政课信息化教学开展的基石。高校在构建思政课信息化教学"大厦"的过程中还要推进"软性"环境的建设。这里所提到的思政课信息化教学"软性"环境主要体现在教师使用技术服务教学的思路意识、使用技术服务思政课教学过程体现出的情感态度和价值观。这类环境难以用客观指标量化，更多强调的是师生信息化素养外化与内化相交融的体现。现如今，高校特别注重思政课教师信息化素养软性环境的建设，主要包括提高教师群体信息化教学的思想意识；营造信息化教学的情感氛围；推进教师信息化素养的提升等。在软性教育环境的加持下，很多教师从被动地"接受"信息化技术到主动研究教学信息化手段，从被动到主动的个体需要与能力成长转变，个体信息化素养能力不断提升。

3. 信息技术服务思政课教学数据的采集

近年来，思政课信息化教学改革重点聚焦于教学实施过程的数据采集与评价采集。信息技术助力思政课教师信息采集关键的区间不仅表现在课前学情分析和课中任务阶段，还表现在课堂实施过程中对师生互动中的数据采集。除此之外，老师借助信息技术辅助学生课后作业或任务的完成情况的数据采集。例如，在课前阶段。教师可以采用数字教学软件开启学情分析和教学内容的问题收集，通过类似于超星学习通、雨课堂、云课堂等智慧软件可以快速地进行课前教学任务的发布和学生学情的具体调查，并将数据进行智能整合，得到教师教学设计的目标分析或者实施活动开展的依据分析，这是近年来思政课教师在开展学情分析及课前调研的主流做法。在课中互动过程，教师借助信息技术的媒介桥梁功能，可以快速实现师生互动交流的全覆盖，解决传统教学过程中，师生点对点的单向提问交流，从而实现点对多的集群交流。此外，思政课信息化教学让师生互动更加多样化，教师可以根据课程教学中教学设计的特性，结合班级学生互动需求，组建各种类型的信息化教学活动，满足学生线上与线下融合式互动需求，让课堂教学活动更活跃，更具有生命力。在课程结束阶段，智慧教学软件会根据教师设定的智评参数对每一位参与课堂教学的学生进行综合测评，并生成课程教学质量报告，为教师改进教学，提高学生参与互动的积极性提供数据和有效性分析支撑，实现教学的渐进式成长。例如，沈阳师范大学引进在线课程大数据系统算法，准确掌握学生群体的学习行为、学习表现等情况，实施个性化思政教育就是一个典型的案例。

4. 信息技术服务思政课实践教学的创新

思政课是理论教学与实践教学的双向融合，在理论教学中强化实践导向，在实践过程中增强理论知识的吸收。在实践教学环节，信息技术为思政课实践教学提供和以往传统实践教学不一样的体验，深化实践教学的数字形态特性。在具体的过程中，教师主要集中考虑两个方面的问题。一是数字化实践活动如何开展，这是路径与方法的问题；二是数字化实践如何呈现学生真知、真信、真用的效果，这是实践目标达成的问题。部分学校在开展思政课实践教学中面临诸多客观困难。例如，思政课实践场地和经费受限、指导教师不够等。随着信息化技术的介入，思政课实践教学有了新的载体空间，主要体现在为思政课实践教学扩展了空间范围，为学生提供了虚拟实践空间，并为虚拟空间配备虚拟指导老师。就具体路径而言，一是通过建立数字空间实践场域，将现实生活中的各类育人场馆搬运到课堂虚拟空间。其中可以选择的形式有虚拟仿真教学体验中心的虚拟场馆；常规教室可在线连接线下的数字展馆；手机移动端配套开发的数字实践软件等。二是结合学校、专业、地域特色自建数字实践系统，主要服务本校师生的思政实践活动的开展。前面提到的虚拟实践场域更多地体现为对现实真实场馆的数字化"复制"，强调场馆的"真实性"。后者提到的实践系统更强调符合学校、专业、学生特性，此类系统大多数为思政课教学专有平台，学生可以根据教师预设的活动模块，有针对性地在系统里完成实践任务，教师根据学生实践活动的完成过程进行实践考核。不管是"复刻"数字实践场地还是"自建"数字实践系统，其最终要解决的问题是让学生广泛参与实践教学，并在实践教学中增强学生自主探究的能力，并通过契合学生数字生活及数字学习的喜好与习惯，提高实践教学的效率。但在操作与实施的过程中要反思前面提到的问题，数字化实践如何真实反映出学生在思政课实践教学中的"真知""真信""真用"。技术本身是不具备价值立场，是处于中立的位置，但使用者在运用技术作为对象工具的那一刻起，就人为赋予了技术"价值向度"；也就是说，"每一种技术架构、每一行代码、每一个界面，都代表着选择，都意味着判断，都承载着价值。"就知识的可测性而言，要实现学生对思政课知识的"真知"可以通过师生直接的问答，数字系统的知识检测可以获取相应数字进行有效判断；"真信"相对"真知"而言，判断的形式比较难把握。一般而言，我们如何去判断一个学生是思政教学内容"真信"，通过技术手段也只能从学生的答题和感受去侧面了解。所以，如果单纯地依靠技术手段去实现"真信"的价值判断，恐怕得出的结果不符合真实的情况；同理，技术也难以分析出学生"真用"。这恰恰就是运用技术去评价思政课教学结果的难题。不管这个问题如何争议，如何解决，其本源问题还是在于思政课教学不是简单的知识传递，要注重学生价值观的引领，实践教学的"真知"可以通过知识性测试反映出来，而数字技术很难测算和评价出学生是否"真信""真用"，这是信息技术介入存在的难点问题。

二、思政课信息化教学呈现的亮点及特色

习近平总书记指出，数字技术是未来国际竞争的重点领域，是我们必须抢占的制高点。数字技术、信息化手段融入高校思政课教学已经成为教育领域的常态，很多高校思政课在开展信息化教学过程中采用了多种数字技术和信息化手段，对教学课堂重新建构，使之成为具有现代教学风格的思政课堂。数字技术对于学生而言也不是什么新鲜的名称，对于他们来说，这是他们出生于数字时代的常态社会，思政课信息化教学的开展与实施，对学生数字思维能力的拓展起到了积极的推动作用。当前，不同的信息化手段和数字技术植入思政课教学产生的效果大同小异，但是，在不同类型的技术个性之外还存在共性的亮点特色。分析这些亮点特色有助于更好地把握数字技术和信息化手段在思政课教学中赋予教

学持续增长的潜力，更好地服务思政课教学本身。

1. 契合教育技术发展的时代趋势

党的二十大报告中指出："推进教育数字化，建设全民终身学习的学习型社会、学习型大国。"教育数字化是一项庞大的系统工程，也不是现在才出现的新生事物，早在十多年前，教育部就启动实施了"网络教育资源共享平台""数字化学习示范中心""网络教育数字化学习资源中心"等系列项目，建设了资源公共服务平台和覆盖全国的资源整合及服务网络。不管是思政课智慧教学平台的搭建还是信息化手段在课堂教学中的植入，其本质上还是体现了技术服务教学的客体作用，这点是学界和教师群体使用者本身能够明确和认可的观点。综合来说，思政课信息化教学的开展在形式上呈现多元取向，各种信息技术服务教学的样态日新月异，在效果上实现了信息技术本身的积极作用，契合了教育与技术融合发展的时代趋势，为思政课教学增加了数字时代的现代性意蕴。

随着教育技术的不断发展，技术已经对传统教学形式和教育理念进行了颠覆性的改变，从这个逻辑出发就很好理解思政课教学为什么要和数字技术、信息化手段进行深入的融合，实现思政课教学"数智化"。思政课信息化教学呈现出来的样态打上了数字时代发展的社会烙印，也体现了经济基础决定上层建筑的唯物主义观点。不管是高校思政课教学过程中使用的智慧课堂、虚拟仿真技术、人工智能技术都在一定程度上说明了思政课教学的理念在不断更新和转变，而其中的关联就体现在对时代发展趋势的把握，对教育主客体环境改变的敏感捕抓。

2. 体现数字时代学生学习习惯

2022 年 4 月 25 日，习近平总书记在中国人民大学考察调研时指出："思政课的本质是讲道理，要注重方式方法。"在现实教学中，部分老师使用的教学方法很陈旧，在教学方法上的创新明显滞后于教学技术的更新速度，师生处于一种"安于现状"的交往关系，久而久之教师也形成了固定化的教学"套路"，学生也对教师的教学方式提不起兴趣，师生教学陷入"被动"的境地。相反，部分教师为了让课堂教学更鲜活、更有趣、更能契合学生的学习习惯和风格，不断挖掘能实现上述效果的方式和方法，借助信息化教学手段就是其中一种尝试。

数字技术和信息化手段从功能和作用上来说都是辅助教师开展教学的客体工具，是教师上好思政课在手段方法上的创新载体。以往的思政课教学更多的是关注师生在内容深度和广度上的交流与学习，对形式变化不是特别注重，而现在的教育改革是多方面的综合改革，对思政课的教师要求越来越高，思政课教师不仅要让知识讲出味道，还要让味道衬托效果。这里所谈到的现象不是简单的教师自我问题，还应该用历史的、辩证的观点去看待这个问题，在过去的教学时代，社会整体环境的信息化水平都不高，数字技术也仅在局部区域应用，教学的模式还是维持在较为传统的板书讲授形式。现如今，高校大学生大部分是"00后"，特别是"05后"大学生，他们在学习习惯和接受教学的形式上都和以往的大学生存在明显差异，他们喜欢技术的便捷性，他们热衷于在信息技术空间畅谈观点，他们习惯于用信息技术去完成作业，这都和以往的大学生不太一样，生活在数字时代环境下的大学生，从小到大都习惯了数字生活空间，在思维方式和行为表现上也明显呈现出数字时代的特色，至少数字生存习惯已经成为他们的标签。基于此，该校思政课信息化课堂的建设和应用中，师生表现出来的信息化素养和数字能力主要集中在以下方面。

第一，信息化教学思维明显。数字技术和教育的深度融合推动了数字化教育范式的确立和数字化学习生态系统的建设，教育内部也自我发展出更强的转型发展需求：转化教育模式、构建新学习范式、破解教育的"优质、公平、高效"难题，都要求教育数字化转型。从目前高校思政课信息化教学情况来看，思政课教师在开展教学准备时就对学生数字思维进行了详细的课前分析，并以此作为课堂教学过程中采用何种技术进行教学的依据。从教师主导教学过程看，教师主要借助数字技术和信息化手段去高效地完成课堂教学，并最大可能地通过数据分析得出教学过程的质量评价结果，以此自我审视教学质量，这是教师信息化教学思维的体现之一。还有的老师通过各种人工智能软件生成教学资源，笔者在一些技术公司体验过教学资源自动生成系统，只需要将关键词和主要的知识架构提供给智慧平台，平台系统就会根据老师的需要生成简易版的数字资源，并通过数字虚拟人物将资源播报出来。还有的老师利用数字教学平台开展各种教学活动，这些都是教师信息化教学思维的直接体现。第二，学生主动拥抱数字化课堂教学。在调研中，我们对部分学生进行随机访谈，大部分学生都表示乐于参与信息化互动教学，并对教师信息化教学带有期待，这也说明了一个现实问题，学生本身是支持信息化教学，并且希望思政课教学采用信息化教学形式。诚然，在思政课教学过程中学生所表现出来的信息化诉求成为教师开展教学的前置依据，在教学过程中，学生对信息化教学所使用的技术具有明显的适用性，主动要求采用信息化手段去获取知识，开展互动交流，完成课程任务等。这也就体现了学生对数字技术的接受和运用能力支撑着教师开展信息化教学的实现程度。

3. 满足师生对教学精细化的需求

现如今，社会不同领域都在提出精细化管理、精细化治理。精细化本身不是对原有事物的颠覆性变革，而是一种增量式的改革。"在任何一门科学的发展过程中，最先接受的范式，通常会让人感觉到它对于科学研究者容易理解的大多数观察和实验，能给予相当成功的说明。因此，进一步的发展通常要求建构精巧的装置，发展出一套深奥的词汇和技巧，精练概念，使之不断地减少与它们通常的常识原型（Prototypes）之间的相似性。这个专业化的进程，一方面使科学家的视野受到极大的限制，并使范式变化受到相当严重的阻碍。科学已日益变得僵硬。"近年来，思政课教学改革领域特别注重精细化发展，从过去的部分教学课堂大水漫灌到当下的精准滴灌，思政课精细化发展越来越受到重视，这也是思政课教学内涵式发展，现代性发展的表现。思政课信息化教学意在通过彻底和全方位的数字化转型，形成"人技"交融、数字驱动、跨界合作的思政课教学新生态，构建更加开放、共享、精细的教学新模式，实现思政课教学的内生发展，契合技术时代的发展需求。思政课教学精细化涉及的范围较多，包括教学内容的精细化、教学形式的精细化、教学方法的精细化、教学评价的精细化等，高校思政课借助数字技术的力量可以实现思政课教学精细化需求。思政课教学精细化发展需要着重理解"精细"这个词的深意。精细更注重强调对学生的学情的细分；更注重对教学知识传递路径的优化；更注重对学生参与教学表现出的效果的客观评价；更注重对实践教学过程的精准开展等方面。对于上述问题的把握，我们可从以下几个方面去细化。

一是思政课在教学过程中需要精准把握教学内容的输出。思政课是立德树人的关键课程，具有和其他课程一样的基本属性，但也具有课程本身的独特性。思政课在注重知识理论的科学灌输外，还要精准了解学生态度价值观的表现倾向，为有效帮助学生澄清错误观点，树立正确价值观提供数字"画像"依据。二是教师借助信息化手段精准了解学生的学情，精准把握学生喜好，为教学实施的开展做精准准备。在教学设计中，学生学情是开展精细化教学的基础工作，但部分老师并不会去精细化研究学生的具体学情，而已依靠教学"经验"去想象和定性学生，认为学生必然会接受自己的教学设计和具体实施安排，这种靠教师自我经验的教学设计必然不是精准教学。此外，在思政课教学质量评价中，教师往往只关注学生最终获取知识的量性结果，侧重于用分数来定性学生学习效果。事实上，这样单向维度的评价不能全面客观地了解学生对思政课教学内容"真知""真信"，也无法从根本上去找出具体教学存在的"真问题"。提高思政课教师教学能力和教学水平，针对性、精细化解决学生知识困惑还需要从学情分析中寻找"源头"。数字技术辅助教师开展学情分析的关键在于设计分析参数，对于分析参数的选取，一般遵循有效性原则，即能够辅助教师找出"真问题"的参数。例如，学生认知上是否存在前置学段知识的痕迹，需要精细分析；学生的态度倾向是否存在较大差异，是群体差异还是个体差异的体现；学生的数据表达和真实表达是否存在不一致等。这都需要思政课教学细致地考量与精细地设置参数。总的来说，数字化技术对学生学情分析的精细化体现在差异化中共性特征的抽离和归纳，让教师清晰地掌握学生学情的数据量表，从量和质的维度对学生作出学情预判，快速有效地解决学生学情的复杂性和多样性。三是思政课精细化体现在教学互动的精细化。数字技术能够建构"优化"通道，帮助教师精准开展教学，例如对学生互动过程存在的问题进行捕抓，建构"学习画像"，分析学生互动过程的有效性。在教学互动中，学生参与互动的积极性和真实性是决定互动效果好坏的关键因素，数字技术，特别是人工智能技术能够在画像中捕抓学生互动过程的停留时间；问题选择的过程性轨迹；互动参与的思考路径等，通过大数据分析，形成学生精细化互动的过程报表，为教师优化互动形式，增强互动有效性提供真实的数据参考。四是教学评价的精细化。教学评价是对教师教学效果好坏的评价测度，是提高思政课教学质量的重要措施之一。

对思政课教师进行教学评价需要建立科学的评价指标，避免评价形式和评价指标的单一性，否则不利于教师教学积极性和主动性的发挥。思政课教师利用大数据集成系统、人工智能分析系统可以对思政课教学实施过程的多项指标和参数进行设置，为实现教学质量评价提供数字模型的搭建和过程性数据的收集和整理，极大提高了教学评价的速率和效率。在利用数字技术开展教学质量评价的过程中要把握两个关键尺度，第一，注重定量与定性的结合。在教学质量的评价过程中，虽然设置众多客观指标，多维度地测评教学课堂实施的效果，为定量评价的客观结果的产出提供了支撑。但是思政课教学毕竟还是侧重于理论认知的提升，情感价值观的培养，过程中体现人与人交往复杂性，单靠技术的客观维度难以深入人的主体思维和情感层面去测量和评定学习效果的好坏，这必然要求思政课教师在利用数字技术服务教学质量评价过程中要注重定性评价，通过数字技术呈现的结果去深入分析和探究学习态度与情感方面呈现出来的结果，实现主观与客观的统一。第二注重数据结果与行为结果之间的关联。矛盾是普遍存在的，在教学评价过程中也会产生相对于的矛盾，其中数据结果与学生行为结果的不一致性就是一对基本矛盾。数据结果侧重于指标体系建构后反映出的客观结论，牵扯到前期数据指标设置是否科学合理。事实上，数字技术只做结果反馈。学生参与课堂教学活动，完成各项预设任务，在与教师教学行为的互动过程中，学生本身是成长的过程，数字技术或者信息化评价系统只侧重于结果的分析，至于学生主体行为的学习成长性却很难全面反映。2023年，教育部印发《普通高等学校马克思主义学院建设标准（2023年版）》，在文件中明确指出，"以学生获得感为评价导向，注重教学效果评价"，这为高校思政课信息化教学评价指向提供了依据和遵循，在教学评价过程中，教师必须关注学生行为过程的成长以及行为与结果之间即便存在不一致的评价结果，也需要抽离出来单独进行合理性考评，去更加精细化地分析学生出现问题的原因，精细化地评价学生学习过程规律，将学生对教学的获得感这一指标贯穿于整个教学评价的始终。

第二节　部分高校思政课信息化教学的经验与做法

习近平总书记指出："思政课的教学目标、课程设置、教材使用、教学管理等方面有统一要求，但具体落实要因地制宜、因时制宜、因材施教，结合实际把统一性要求落实好，鼓励探索不同方法和路径。"当前信息技术突飞猛进，深刻改变着思政课教学环境、学生学习习惯、教学方法的运用等。传统的思政课教学逐步被信息化教学所替代，智能化、数字化、网络化、信息技术的层出不穷，正在不断地融入思政课教学全过程，从内容到形式不断增强思政课教学的生动性、趣味性。思政课信息化教学、数字化教学以前所未有之势呈现，思政课课堂教学呈现出的数字意味越来越浓厚。他山之石可以攻玉，充分了解目前国内高校思政课信息化教学的主要做法和成功经验，有助于其他高校更好地推进思政课信息化教学建设，并从教学改革的角度总结思政课信息化教学展现的优势经验和存在的不足，更好地服务思政课高质量发展，实现立德树人这一根本任务。此外，思政课信息化教学过程中呈现出好的经验和做法不仅是学校教学改革的创新结果，也是对现代教育改革的时代回应。

马克思主义认为，经济基础决定上层建筑，高校思政课信息化教学建设需要投入大量的人力和物力去支撑信息化教学整个实施过程，这是前提也是基础。由于国内高校所在地域之间经济发展水平存在较大差异，地方高校之间思政课信息化建设水平和呈现的效果也存在不同的差距，甚至差距还在逐步地拉大。课题组成员通过各种形式和途径走访了不同地区高校马院，对这些高校思政课信息化建设的基本情况进行了调研，也通过各高校在网络宣传上展示的思政课信息化教学案例进行分析，全方位了解高校思政课信息化建设成效的评价反映，力求客观真实地展现出思政课信息化教学取得的成就。

从全国范围看，东部地区高校思政课信息化教学走在全国高校的前列。东北地区高校依托地区丰富的教学资源和众多高精尖科技公司技术的支持，其思政课信息化教学呈现出技术新、形式多样、经验成熟的基本特征。随着现代信息技术的普及和技术以东部分区为中心向周边辐射效应的加快，中西部高校紧跟时代步伐，充分利用现代信息技术推进思政课信息化教学的改革创新。文章所选取的案例为真实高校案例，既有来自东部地区，也有来自中西部地区，为了避免排名和对比上的争议，本书将以字母符号代替学校的名称。

案例一：数字加持，"大思政课"护航，M大学思政课走出智慧思政课

北京M大学马克思主义学院"虚拟仿真思政课教学体验中心"是全国首批建成的虚拟仿真教学体验中心，走在全国前列。M马院将"元宇宙"元素融入思政课教学，颠覆性改变传统思政课教学样态，以技术赋能的形式呈现技术思政课的魅力。通过数字场景的搭建，让学生穿越时空回到历史场景，让学生感受老一辈教师的科技创新故事，为思政课教学创设了虚拟历史情境。此外，M大学生还注重思政课教师信息化技术使用能力的提升，通过培育和搭建团队的形式，培养了大批具有现代信息化素养的思政课教师，为思政课信息化教学改革与实践提供人才队伍保障。在教学资源的整合上，注重利用数字技术打造校园红色数字资源，形成数字资源库，为信息化教学提供数字资源支撑。此外，在元宇宙思政课教学实践中，还充分利用学校其他二级学院和学校行政部门的资源，打造具有大思政课视域的元宇宙思政课，通过线上线下融合，数字文化育人活动的开展，全方位立体多样地开展思政课信息化教学，拓展了思政课教学的时间和空间场域。M大学马院在开展元宇宙思政课教学还呈现了一个亮点特色，就是将"大思政课"的理念融入其中，特别是在教学内容选取的案例素材中体现"大思政课"意蕴。例如，在虚拟场域的设计中，M大学生建构了老一辈科技工作者的故事场景，场景中呈现出科技工作者技术报国的崇高精神，将学生专业所需要的育人元素有机结合入后拉近与学生的距离，也活化了虚拟场景中人物故事。

除了开展虚拟仿真思政课外，M大学马院还和红色资源丰富的地方高校建立思政课教学联盟。M大学依托丰富的教育技术资源将合作的地域高校丰富的红色资源结合起来，以智慧教学平台为终端，为联盟之间的高校全校师生提供线上精品教学资源课，既实现了优质思政教育资源在不同区域之间的合作流动，也体现了浓厚的"大思政课"味道。近年来，M大学对信息技术融入思政课教学建立了系统化、标准化的教学模式。例如，建构思政课知识系列数字谱系，按照不同类型和特征将知识进行数字化处理，按照谱系进行标准排列，便于教师在开展教学时有针对性的选取和运用相关知识，也契合了大思政课教学理念关于思政课资源类型丰富多样的需求。此外，学校还通过"云讲堂""云游校园""云上毕业典礼"等形式开展大思政课教学，结束技术手段，让思政课从课堂走向课外，走向视野更开阔的田野。通过思政教学各要素的集体联动，思政课教学走出了学校特色、行业特

色、数字特色。

案例二：上海 E 大学利用人工智能技术为思政课插上智慧翅膀

上海 E 大学思政课信息化教学走在东部地区高校前列。一方面，上海 E 大学"请进来"，为思政课插上智慧翅膀。上海 E 大学马院运用人工智能技术精准分析每一个学生的学习兴趣和课程需求，对学生课前学情做了分析"图谱"，制定教学实施的"图谱"策略，定制化开展班级思政课教学。将可感触、可视化的马克思主义理论与社会发展中生动鲜活的实践素材引入课堂，将党的创新理论转化为通俗易懂的青春话语、网言网语，使学习更加贴近学生、课堂更加具有活力，使学生亲身感受理论温度和科技魅力完美结合的新型课堂。另一方面，上海 E 大学"走出去"，善用社会大课堂的数字资源丰富思政课教学。E 大学马院依托人工智能技术的超前性，不断增强师生数字素养和数字思维，用数字思维打破传统定向思维，通过开展"云上的国潮品鉴会""云上大国的未来""云山车间里的劳动"等主题活动，利用虚拟仿真技术开展身临其境的沉浸式教学，让各种"大思政课"育人资源借助云端技术，让学生模拟场景，沉浸式走入田间地头、步入基层一线。E 大学还有一个亮点就是依托学校数字中心开展大学生讲思政课、大学生微电影创作等实践活动，实现数字工坊功能。学生利用数字工坊的各种设备和仪器，自主完成老师布置的课后实践活动，并通过数字平台实现学生自制作品资源的全校共享，为学校大学生实践作品资源添砖加瓦。这种形式一方面增强了学生数字技术的技能掌握；另一方面也鼓励学生制作优秀的数字实践作品，并服务全校大学生网络社区育人，实现学校育人资源的共建共享。

案例三：福建 W 大学建立流动的数字思政课

W 大学思政课信息化教学在形式上跟其他高校思政课有很大相似之处。但是在思政课信息化教学的硬件和软件的搭建上比较有突出优势，通过几年的实践和发展，已经成为该校信息化教学改革的一张靓丽名片，主要特色在数字资源整合和数字硬件环境的搭建，建成了具有高科技信息技术成分的"数字流动党史馆"，通过"流动党史馆"开展"流动青春直播间"活动，主打思政课信息化教学的数字"流动性"，这也是"大思政课"在创建形式改革上的体现，展现了数字形式扩容之大的特性。W 大学主要围绕以下几方面开展思政课信息化建设。

一是建立数字思政集约共享平台。W 大学生重视数字思政平台的建设，将智慧平台建设作为思政课信息化教学开展全过程的中转站和中台。在搭建数字中台的过程中，将原本分散的，不可移动的资源以数字技术的形式转化为电子资源，通过智慧中台进行储存、分类流转、使用归档等，使得思政课信息化教学有了丰富的资源支撑。在智慧中台的建设中，还特别注重思政课教学资源与专业资源的融合，体现思政＋专业的特色。此外，数字中台还具有强大的"修饰""加工"能力。思政课教师可以根据授课内容的不同进行同一资源的再加工，为思政课教学契合学生个性提供了便利性。整个数字智慧平台实现云端存储，线上线下共享，实现思政课教学资源之间的共建、共享。

二是构建沉浸体验的数字思政新场域。场域是近年来数字思政课开展较为集中关注的领域，传统的思政课教学主要集中于实体场域的拓展。实体场域和数字空间场域比较具有直观性，但是缺点也显而易见，即空间的拓展受到现实场地的条件制约，难以扩容增量。W 大学以此为拓宽，充分利用数字空间、虚拟空间为思政课教学扩容增量，再造教学新空间、新场域。主要采用的也是时下最流行的虚拟现实、数字孪生等技术建构教学空间场域。侧重于学生主体的亲身感受和信息空间的深度体验，通过人机对话、动感交错的科技体验，让学生在数字场域中感受知识的趣味性，充分激发学生学习的积极性，提高教学的互动感和体验感。

形成"常规思政课堂＋现实实物场景＋虚拟数字场景"的数字化赋能思政课教学的"数字融课"模式，扩展了思政课信息化教学的新空间。

三是延伸线上线下数字思政课新链条。W 大学思政课依托智慧系统和智慧教学软件，采用线上线下混合式教学模式开展思政课教学创新。在线上教学的实施过程中，W 大学生注重思政课教师线上教学的多样化，除了常规的慕课资源的自主学习外，还加入了很多虚拟场景的互动，通过与专业教师、校外知名专家的连线，让学生在线上感受到不同教师的授课魅力，形成"大思政课"教学的开放式模式，让更多专业性强、实践性强的教师成为思政课教学团队成员，共同打造多主导的线上课堂教学新模式。线上教学不仅是单一的线上授课，还结合线下特色育人活动作为补充，实现线上讲授与线下育人活动的互联互通，形成新的思政课信息化教学链条。

案例四：广西 J 学院打造"馆课结合"的虚拟思政课

为解决思政课实践教学难的问题，广西 J 学院利用虚拟仿真技术，建成思政课虚拟仿真实践教学中心一个、360 度沉浸式体验馆一个及相关教学资源。其中虚拟仿真实践教学中心目前可使用的教学资源有 5 套，包含全国各大博物馆、纪念馆、名人故居等，学生可自由参观。360 度沉浸式体验馆有湘江战役、故宫博物院等 15 个场馆／场景，学生可通过鸟瞰、仰视、飞行等多角度进行自主游历，开启沉浸式体验。资源建成后，一方面应用于本校思政课程及学校部分选修课程的实践教学，通过"馆课"（体验馆＋理论课）结合打造教学新形态；另一方面，与共建高校、党政机关、事业单位等共享资源，推动新技术服务同行、服务社会。建成虚拟仿真实践教学中心、360度沉浸式体验馆及相关教学资源，用于思政课主干课程《思想道德与法治》《毛泽东思想和中国特色社会主义理论体系概论》《习近平新时代中国特色社会主义思想概论》，以及学校公共选修课《党史》《新中国史》《改革开放史》《社会主义发展史》《鲁班精神》等课程的实践教学环节。思政课教师根据教学安排，采用"馆课"（体验馆＋理论课）结合的教学方式，把理论与实践相结合，实现全校2万多名学生全覆盖，提升思政课教学效果。J学校的虚拟仿真思政课建设具体做法如下。

1. 双线融合：推进线上线下虚拟仿真思政课资源库建设，完成"一平台"初步建设，发挥资源库平台"核心轴"的作用。J学院虚拟仿真教学体验中心首期线下的爱国主义教育基地有50多个，线上资源包10个，基本满足思政课的教学要求，随着后期课程要求的调整也会相应增加不同类型类别的展馆，实现动态调整。根据学校特色，马院定制了一款"鲁班学子，大国工匠"的思政课资源。这款资源主要针对该校建筑文化特色、鲁班精神而打造，具有学校完全知识产权，是对学生专业特色，体现思政课程和课程思政相结合的复合型资源包。通过线下虚拟教学中心资源包和线上虚拟仿真资源包建设，推动资源平台核心轴功能的实现。

2. 虚拟沉浸：推进思政课教师使用虚拟仿真开展教学创新的"一套教学方案"建设，发挥"教学翼"的落地功能。为了充分利用党建基地虚拟仿真教学中心资源，J学院马院编制了虚拟仿真思政课教学要点建议，鼓励老师使用虚拟仿真开展思政课教学与实践。目前《思想道德与法治》《毛泽东思想和中国特色社会主义理论体系概论》《形势与政策》《鲁班精神》等课程已经完成了虚拟仿真思政课运用方案的建设。结合学校党史教育、课程思政的需要，马克思主义学院主动开展虚拟仿真党史课程的开发和研究。根据大学生党史教育的规律和要求，开展了虚拟仿真党史课程示范课的拍摄。例如，拍摄的《韦拔群精神》《百色起义》，这些都是根据具体专题利用虚拟仿真开展的党史教育主题课程的示范课拍摄。

3. 育人合力：推进思政课教师、辅导员队伍、青马协会成员为主的"一支讲解员"建设，发挥"团队翼"的助力功能。J学院构建的虚拟仿真教学体验中心以思政课为主，课程思政为辅，通过虚拟仿真思政课建设推进课程思政建设，形成大思政育人开放环。在虚拟仿真思政课教学和实践过程中，我们发挥思想政治工作队伍集群优势，利用思政课教师做班主任的契机，邀请所在班级辅导员和青马协会学生加入思政课虚拟仿真课程建设中，在"一课一品"主题思政大课中发挥作用。例如，开学第一课、"七一"讲话等主题思政大课，思政课教师与辅导员策划的虚拟仿真思政大课就成为很好的合作范本。

4. 文化铸魂：推进融入建筑文化、地方红色文化的沉浸式虚拟仿真情景"一系列专题思政课"建设，发挥"课程翼"的铸魂功能。虚拟仿真思政课建设应该形成"一校一特色"，为了将该校虚拟仿真思政课建设成为思政课守正创新的特色项目，在筹划建设初期和提升改造中期都充分地考虑了学校深厚的建筑文化特色和地域红色文化资源的注入，发挥文化育人、文化铸魂的作用，让学生认识建筑文化、了解红色故事，做好建筑文化和红色文化的传承人。

5. 品牌增效：推进具有本校特色的虚拟仿真思政课"一课一品"建设，发挥"品牌翼"的示范功能。目前高职仅开设四门思政课，每一门课的实践教学都具有一定的差异性和独特性。为此，马克思主义学院要求四个教研室根据各自实践教学特色，按照课程的特色开展"一课一品"虚拟仿真教学建设，充分利用党建基地和虚拟仿真教学中心开展虚拟仿真实践教学品牌活动。例如，"概论"课结合学生喜闻乐见的形式，借助虚拟仿真平台资源开展"党史故事我来讲"微党课大赛，借助虚拟仿真技术，发挥"一课一品"的示范功能。J学院近年来通过数字思政建设，智慧马院建设，不断提升思政课信息化教学水平，多个信息化教学建设案例获得省级优秀案例，并作为优势经验在各大场合进行推广。

上述提到的案例只是众多优秀案例的小部分代表，随着网络信息技术的不断普及，思政课教师可以通过网络渠道去了解全国各地高校马院在思政课信息化教学中采用的最新技术、形成的教学经验等。上述这些高校思政课信息化教学都是基于学校的高度重视，在全校大力开展信息化教学基础工程中获得重点扶持，一方面证明了学校对思政课教学改革的高度重视；另一方面也看到了思政课教师教学主体性和创造性的发挥，通过信息技术的加持，增强思政课的技术动能、发展潜力，为实现思政课高质量发展奠定了良好的技术基础。

第三节　高校思政课信息化教学主要的共性特点

在调研部分高校开展思政课信息化教学后，课题组根据各个高校的具体开展情况，总结其具有的共性经验。在信息技术飞速发展的当下，思政课教学使用 PPT、在线软件、数字系统开展教学已经不再是新鲜的、新奇的做法，甚至已经是当前思政课教学课堂的常态形式。不过，从调研的结果看，使用信息技术开展思政课教学的高校之间也会存在差异。事实上，从高校教师开展信息化教学的形式与效果上就能发现它们之间存在的区别。对于一些学校规模和整体实力较弱的高校而言，学校本身没有足够的资金和设备投入到思政课信息化教学环境的改造，自然产生的效果就不是很理想。对于那些发达地区的高校，其本身在思政课信息化教学的理念上就比较先进，能够及时地将信息技术领域最新的适用技术转投到思政课教学中，并且结合学校的实际需要进行创造性运用。课题组在总结高校思政课信息化教学的共性经验时也会兼顾各地区区域的差别，重点介绍在思政课教学领域中的成熟经验。

一、高校开展思政课信息化教学的理念先进

在《辞海》的解析中，理念其实是反映出一种意识上存在的观念。当前学界在关注高校思政课教学改革成果的时候，都会自然而然地得出一个基础结论，即优秀成果的产出必然带有先进的理念指导。按照马克思主义的观点，物质决定意识，意识对物质具有能动作用。从客观结果到主观思维理念的追溯可以帮助我们很好地探寻出观念上的经验。课题组在调研过程中发现思政课信息化教学做得好的学校在建设理念上会呈现出共性的特点。

1."大思政课"理念突出

习近平总书记指出："大思政课我们要善用之，一定要跟现实结合起来。"高校思政课教师能充分理解和运用了"大思政课"理念，特别是在思政课信息化教学过程中注重利用信息技术服务思政大课堂。"大思政课"理念丰富，可以从"大"这个关键词去理解高校思政课信息化教学。首先，信息技术服务思政课教学内容之"大"。在传统思政课教学中，思政课教师使用的教学资源相对现在而言偏少，涵盖的类型偏少，很难突破时间和空间的界限去体现教学资源之"大"。现如今，信息技术的介入让思政课教学内容拓宽，多而聚集形成内容范围之"大"。如今的思政课教师利用技术工具聚集的教学资源可以用"海量"来形容，但同时也衍生出现实问题，那就是技术服务教学内容过大过泛，对于个别教师而言，难以把控海量的教学资源，对资源的合理性利用也存在驾驭不足的问题。此外，"大思政课"理念之宽。宽不仅体现在空间场域的衍生，也体现着形式与手段的宽泛。前面论述到信息技术推动了思政课教学时间和空间场域的拓展，使得思政课教学的空间容量在不断地扩大，也推进了师生教学交往的宽度和深度。在高校思政课信息化教学的经验探究中，"大思政课"教学理念还体现在信息化教学形式的创新上。借助信息技术推进高校思

政课教学形式的改革创新已经成为当前的教育"潮流"，"大思政课"理念下的数字教学形式之变就在于形式的静态和动态、形式的新旧之分。不管是采用常规课堂开展教学，还是利用先进的人工智能、元宇宙虚拟仿真开展教学探索，其实本质上还是一种观念在教学上的区别。在这里，我们需要讨论数字技术服务思政课教学新生态的形式之"大"、吸引力之"大"，也需要从理念上去看到信息化教学带来的思维变化。有鉴于此，高校思政课信息化教学改革需要先从观念上解决，特别是以"大思政课"观念为突破口。

2. 以学生为中心的理念突出

2019年3月18日，习近平总书记在高校思想政治理论课教学座谈会上提出了思政课教学坚持"八个相统一"的要求，其中，坚持主导性和主体性相统一就需要思政课教师去深入理解其中的价值意蕴和实践要求。思政课教师作为课堂教学的主导者，是整个思政课教学环节的组织者、实施者、评价者，在主导过程中起到了把控课堂效用，增强课堂活力，实现课堂教学目标达成的作用。

美国著名心理学家卡尔·罗杰斯(Carl Rogers)等学者提出的人本主义教育观受到学界普遍认可，其核心观点认为教育的目的就是人的目的、与人相关的目的，本质上是人的自我实现。思政课老师在信息化教学中坚持与践行以学生为中心的教学理念，也会在教学过程中强调学生主体地位在教学中的实际作用，并且从实施过程中不断优化教学过程，激发学生参与学习的最佳状态，实现思政课信息化教学目标以学生综合素养发展目标相促进为指向的效果达成。思政课信息化教学和坚持学生的主体性具有紧密的联系。教学是一种情感性实践，需要情感的支撑。"认知-情绪"理论认为，情感过程与认知过程相互交织、相互影响。技术本身是不带有人文情感的温度，从根本上溯源，这是教师这一主导者在教学过程中对学生施加的要素。不管是初级的技术还是如今智能的高端技术，本质上都会对人的主体性产生一定的消解作用，甚至遮蔽了学生的主体价值。思政课教师依赖技术服务教学，技术的便捷性催生了教师使用技术的高频率；同时，学生喜欢信息化教学的环境及形式也产生了对技术工具的依赖风险。在调研中，受访的教师关于技术依赖、技术畸变的话题在认知表现上体现出比较清楚的状态，都能比较冷静地思考、客观地分析技术在思政课教学中产生的隐忧。撇开信息化教学之中的技术隐忧，从技术服务教学实现以学生为中心理念的落地去再观察技术的效能，往往得到超越于一般教学规律认识的新的观察结果。思政课信息化教学如何体现以学生为中心这一理念，这是值得研究的问题，可以从以下几个视角去分析。一是使用技术为教学服务时要考虑学生的学习习惯。事实上，大部分老师都会对学生关于信息化教学手段的接受程度和喜爱偏好做学情调研和学情分析，以此来规避学生对信息技术产生的不适应性。二是测评教师本身在使用信息技术开展教学时是否会消解学生参与的积极性。作为思政课教师，应该要认识到不是所有的信息技术都会适合思政课教学，也不是所有的技术手段都会引起学生的兴趣，更不是所有的技术使用都会在课堂中提高互动的参与率。有些教师在使用技术服务教学过程时过于生硬和复杂，超过了学生的接受度，反而会引起学生的反感和不适应。如果教师没有察觉和改变技术使用的形式与策略，必然和以学生的发展为中心这一理念背道而驰。三是建立技术服务教学的学生反馈渠道。在信息化教学过程中体现以学生为中心的教学理念不仅体现在教师对学生的学情分析的精准把握上，还体现在给学生建立教学反馈的一般渠道上。特别是思政课教师要把知识讲深、讲透、讲活，要让学生真心喜爱，必须要有教学质量的结果反馈，要让反馈结果传导到组织教学的教师端，让教师清楚明白和理解学生对课堂实施过程存在的疑惑和真实的看法与评价。总之，没有学生对教学过程的真实评价，教师很难从接受者的角度去反思主导者在教学过程中的实际效果。

3. 创新理念突出

创新是事物不断发展的助推器，也是事物拓展自我深度和广度的内生动力，思政课信息化教学以守正创新的正气和锐气实现教学高质量发展，这体现在信息化教学过程的多个维度。例如，体现在对教学内容的创新；使用教学工具，多样性开展教学的形式创新；还体现在教学理念的创新等。信息技术服务思政课教学本身就是技术思维在教学改革中的创新体现。在调研走访的高校中，大部分教师都表达了信息技术赋能思政课的教学优势，也能清楚地理解信息技术与思政课耦合的时代需要和创新变革。从教师教学实施的过程看，不管是利用信息技术开展课前任务的布置、学情的调研还是课中使用信息技术开展教学探究、师生互动、营造氛围、扩大教学场域，在这些过程投射出的是一种对待信息技术变革力量的赞同态度，这种态度所蕴含的创新理念是对信息技术变革力量的肯定。思政课是政治性、思想性、价值性为一体的课程，是对大学生进行思想政治教育的核心关键课程，在确保其政治属性的同时，如何合理地进行形式呈现上的创新一直是思政课教师关心和关注的实践问题。思政课教学创新考验思政课教师自身的综合能力，当思政课教师群体本身的创新意识足够强大，不管是信息技术如何发展如何变化，都可以回到思政课本身的教学特殊属性中去找到两者结合的空间，助力思政课守正创新。

4. 教学相长效果突出

中国自古以来就有教学相长的理念，在《礼记·学记》中"学然后知不足，教然后知困。知不足，然后能自反也。知困然后能自强也。故曰'教学相长'也。"其意是指，通过教授、学习，不但能使学生得到进步，而且教师本身的水准也可借此提高。思政课信息化教学是内容与形式之间的双向交融，教师教学内容有了技术形式的表现，呈现出高效、多样、精确的状态，教师教学技能不断提升，学生在信息化教学中开阔了视野，感受到了思政课教学的生动、鲜活、趣味，师生在信息技术的载体功能发挥上实现了教学相长。信息技术作为师生教学交往的中介是如何实现推动教学相长效果的实现？事实上，可以从技术改变交流的形式、改变师生教学过程来寻求答案。信息技术改变了传统的教师教学的"绝对主导权"。在当前信息技术高速发展的教育环境下，没有教师提供的教学资源，学生也可以利用信息技术去收集和整合课程内容所需要的各类知识，用以满足自我学习的需要，间接推动学生自主学习能力的提升；教师利用信息技术开展教学，让教师适应现代社会技术发展的能力有所提升，教师教学从单一走向多样，从现实场域走向虚拟场域，教师适应教学新场域的能力在增强。此外，信息技术为师生搭建了更直接、更有亲和力的对话平台，师生可以利用各种数字化教学平台开展对话、交流。师生彼此之间更加熟悉、交流的时间更加充分，互相促进的推动力更强。

二、思政课信息技术平台功能强大

数字技术融入思政课教学并不是简单地使用某个信息技术开展教学，必须要有系统观念去看待思政课信息化教学的整体性。"坚持系统观念，要求我们客观地而不是主观地、发展地而不是静止地、全面地而不是片面地、系统地而不是零散地、普遍联系地而不是孤立地看待问题、分析问题、解决问题，既要体现唯物辩证法关于联系、整体、发展的观点，又要体现系统论关于结构、功能、开放的观念，从而为前瞻性思考、全局性谋划、整体性推进党和国家各项事业提供科学思想方法。"不管是 W 大学、M 大学还是 J 学院，系统性思维在思政课信息化教学改革中都体现地非常明显，其中，最关键的核心表征就是这几所学校都注重信息技术平台的建设，以平台为轴心不断扩大数字技术向思政课教学各个环节和领域的辐射和带动作用，其中包括思政课教学要点资源的储存加工；"大思政课"领域涵盖的各类资源的归类使用；实践教学的开展与成果的展示；学生参与教学的过程信息留存；教师听评课功能；教学评价的分析功能等。作为思政课信息化教学的中枢大脑，思政课信息技术平台的搭建是推进信息技术融入思政课教学取得良好效果的基础性建设工程。

1.平台的共享性突出

思政课信息化教学资源平台的建设不仅仅是作为思政课教学基础工程服务思政课教

学，还应该成为全校性的思想政治教育资源平台、"大思政课"教学资源平台，这样的资源平台才具有教育持久的生命力和使用价值的最大化。从课题组在各高校调研和访谈的结果来看，高校思政课信息化教学资源平台的共享性功能突出，其表现在两个层面：一是平台的公共性服务功能强大。思政课教学不应该关起门来"自说自话"，应该强调思政课教育视域的宽广，给学生带来更宽更广的知识视野。在部分高校，思政课信息平台能衔接到学校一级的资源平台，还能和其他二级教学机构（部门）的育人平台进行联动，充分发挥平台资源和功能的辐射，形成资源利用的集约化发展模式。二是平台资源享用的实时性。很多资源平台都会在资源本身的使用上进行平台设限，各个使用者之间的信息和使用过程是不相连通的，给教学使用者和教学学习者带来人为的技术隔阂。在走访的高校中，大部分学校的思政课信息化教学平台都能对校域内的使用者开放，并辐射各个学校教学领域，有些平台资源还通过技术设定对校外学习者进行开放，使其作为教育服务功能向社会推广，实现社会效益。

2.平台的分析功能强大

技术平台本身是一种技术媒介，何为媒介？媒介即是指："传递信息的工具和中介，如书籍、报纸、电话、广播、电视、网络等物质实体，也指从事信息的采集、选择、加工、制作和传输的组织或机构，如报社、电台和电视台等机构或基础设施。"媒介作为"一种社会技术产物"，在本质上就具有工具性。信息技术搭载的大数据分析功能能有效地开展学习数据的系统分析和集约化处理，体现极强的工具性。面对各类教学对象复杂的教学信息和数据，现代信息技术可以实现数据复杂到简单的处理，形成核心数据的抽离分析，最终呈现关键的有用信息，帮助师生和教育管理者更好地应对教学过程中产生的问题。思政课教师充分利用平台的大数据分析功能，对学生的知识认知结构和思想行为变化进行数据收集和分析，勾勒思政课教学过程中重要的群体学习画像，为实施精准教学提供参考依据，并以此为基础开展同步的横向对比，获取学生个性化的学习特点，通过建立个性化学习的电子数据档案，满足分众式教学和精准教学的需要。此外，信息技术平台还能作为学生舆情分析监控的平台，利用平台大数据功能，对学生感兴趣的资源进行精准识别和推送，并结合学生搜索、浏览、关注的喜好和轨迹进行数据分析，以此推送更符合学生学习特点、具有正向引导价值的教学资源，让学生在自由浏览中实现内容与价值引导的精准把控。

3.平台的联动效果明显

特色教学资源是丰富思政课教学内容的重要组成部分。思政课教师在进行备课特别是在开展教学设计时，都在努力提高教学资源使用的新颖性和鲜活性，特别是在保持和教育部统编课件和教学资源一致的前提下，不断增强教学资源的个性化使用可以有效增强教学内容的多样化。在调研中，我们发现，部分高校思政课信息化教学平台都预设了一个链接端口，通过和线下爱国主义教育基地、各类"大思政课"教学实践基地合作，将优质的线下资源以数字链接的方式引入学校，产生平台联动效果，实现"校社共育"。在数字资源平台建设中，单靠学校的资金投入和学校内部资源整合是远远不够的，所以，很多学校会利用各种校企合作、校馆合作资源打通学校与社会育人场馆的时空壁垒，以合作育人的形式开展信息化教学。这样的方式实现了资源的有效共享，拓展了资源使用的辐射面，弥补了思政课教学资源的单一性，双线互动的不同步性，是目前高校思政课教学的新尝试。

三、信息技术营造良好的氛围

教学环境的好坏直接影响教学目标的实现。以往的教学更注重教师的教与学生的学，对教学环境不是很在意，恰巧成为影响教学质量提升的客观盲点。通过对部分高校思政课信息化教学的持续关注，课题组成员发现调研的高校思政课在教学氛围的营造上都很有特点，而且是作为一个改进教学的关键点在处理和改进，这些高校思政课的氛围感主要体现在以下几方面。

1. 营造技术科技感氛围

这里说的科技感并不是让技术取代以内容为王的知识体系，扩大技术的作用和功能，仅从环境呈现的一种形式和特征作为表述和研究。现在大部分本科生都是"05后"。基于他们的成长环境和学习习惯，他们对数字技术、信息化手段、智慧教学具有天然的好感"粘性"，但是大部分思政课教师和学生之间的年龄层次、成长经历、生活环境上都存在较为明显的差异，这种差异既有接受教育的环境差异，也有年龄与经验存在的社会阅历差异，这些差异让师生之间的教学行为存在"感受差"，老师对信息技术不感兴趣或者表现出"冷淡"的态度。学生则相反，他们喜好信息化技术手段，期待信息化课堂的技术氛围。从实现目的路径上看，信息技术让思政课教学过程、教学体验成为师生更有话题、更有共性的技术媒介，在契合学生数字时代的生活场域下，思政课信息化教学手段的运用已经不是可不可行的选择问题，而是如何更好地服务师生的教学实践问题。情境认知理论认为，情境是一切认知活动的基础，是产生有意义学习的前提条件。信息技术为教学营造的科技感并不是抽象的状态，而是通过技术来影响人的感受器官引起的精神兴奋，从而刺激人的大脑，形成对技术氛围下的知识的高度关注并产生学习动力去持续跟进知识。例如，在元宇宙思政课上，学生沉浸于科技创造的虚拟现实的环境，被各种技术营造的声光电效果所吸引，学生在兴奋的氛围下"穿越"时空，探寻虚拟世界里真实故事背后的理想信念。数字技术的介入打破了传统课堂空间的物理边界，使课堂空间具有流动性，如，虚拟现实通过呈现色彩、声音、图像等媒介符号，将学生与虚拟世界"链接"起来，使学生的学习方式由二维的文本理解转为具身性的情境体验。时空环境的科技感吸引学生积极参与，主动分享，刺激学生学习欲望。再如，在人工智能的思政课教学课堂，学生通过人脸识别获取虚拟身份，参与历史人物的故事情景，开启与虚拟人物的交流与对话。科技助力学生与虚拟世界无缝对接，将现实主体与虚拟客体合二为一，达到人机交融。在线上虚拟远程课堂，本校学生可以和来自其他高校的学生一起共享"大师精品课"，云上课、云分享和云交流无缝衔接，一流教学师资在虚拟云端课堂成为现实，这些技术实现了教学的智能化、高效化，充满了科技的氛围感，有效激发学生的学习热情和动力。

2.营造深度互动的氛围

师生互动、生生互动是教学过程的关键灵魂，没有互动交流的课堂呈现的是压抑、静态的知识"灌输"。在思政课信息化教学实施过程，信息技术助力教学多层次、多样化互动是提高师生互动最直接、最鲜明的表现。我们在前面的论述中也多次提到了信息技术对教学互动的作用和意义，也反思了信息技术赋能教学互动产生的隐忧。从调研高校思政课信息化教学开展的情况上看，大部分高校思政课信息化教学过程中的互动性都呈现积极地表现状态，师生间、生生间的互动交流在正向作用上表现明显。信息技术作为师生课堂互动交流的媒介呈现出如下几个特点。一是便捷性特点。对于思政课教学内容设置的问题互动可以快速地传递和收集答案，并且教学软件会检测学生答题的速度和时间，通过这些细节去判断学生对这个问题回答存在的学习困难。此外，教师从传统卷面去判断学生知识掌握情况只能从答案的对错上观察学生对知识的了解情况，但是对错并不能直接告诉老师学生这个"对"是真的理解了题目作出的判断还是在随机的情况下选"对"了这个答案，如果通过在线作答，技术辅助数据分析，可以通过对这道题消耗的时间、反复填涂答案的过程去辅助教师分析学生对这个问题的理解上是否存在难度等。总的来说，教师通过技术平台可以全过程查阅学生的答案和作答过程，便于教师在后续活动中调整教学形式与策略。二是高效性特点。信息技术的数据处理能力快速灵敏，能高效检索学生对某个知识问题的掌握情况和表现情况。三是数据可以设置隐蔽控件，方便学生在互动交流中隐去个人重要信息，特别是对某些涉及个人敏感隐私的话题，借助技术的虚拟身份可以形成保护效果，让学生畅所欲言，但这一前提必须是在合乎道德与法律的规范下对学生个体隐私的保护。

3. 营造情感体验的氛围

情感教育是一个辐射教育活动全域、全程的理论问题与实践问题。研究情感教育也就是"研究人的情感与人的生存发展的道德关系、认知关系、审美关系、价值关系如何取得最佳状态"。思政课情感教学是近年来学界关注的领域，特别是在思政课教学实施过程中如何利用情感来增强思政课的亲和力教学是值得深入研究的问题。情感要素的参与在思政课教学是极为重要的要素之一，情感教学注重教师教学过程的情感代入，这里所说的情感主要指课程需要的正向情绪。主要包括知识情景的情感、教师本人的自我情感、学生参与知识交流与互动反射出的情感特征，作为价值引领的思政课教学必须有积极的、正面的情感作为拉近师生关系，增强教学效果的情绪媒介的参与。信息技术本身不具备人的情感特性，但是教师可以利用技术的"拟人"功能，按照教学环境要求、知识内容需要、互动要求来"产出"情感要素。例如，虚拟仿真技术、全息投影技术营造的环境氛围就是通过声光电的控制传递出教学内容的"情感"氛围，让学生在虚拟场景的气氛渲染下，在虚拟故事和虚拟人物的"伴游"下达到人机之间的情感交流。在思政课教学中，老师对学生理论知识的"灌输"是很重要的环节，但随着学生自我意识的不断提高，对理论知识的学习也产生了"倦怠"，急需在知识讲授中增强学生的情感体验，并唤醒学生的正向情绪。破解师生理论知识学习的互动隔阂可以从情感温度这个层面去调试，理论知识来源于社会交往的实践，必然带有社会情感。教师可以通过单纯的知识讲授传递情感价值，也可以借助信息技术将理论知识的情感传递放大、放深。教师应合理利用数字学习情境的影响力与感染力，规范引导学生感受、想象和体验知识生成的背景及其蕴含的情感要素，在具身性环境中激发学生的情感认同。事实上，技术主要体现在协助教师完成知识情感的生产并作为师生与知识三者的媒介传导情感，最终实现情感从知识中产出再回到学生吸收知识的过程体验中这一闭环。总的来说，目前高校思政课信息化教学已经跟进了互联网时代的发展，在信息技术多元的时代背景下，高校思政课始终做到与时俱进，在确保思政课教学的政治性的前提下遵循学生学习和成长的客观规律，不断满足学生的多元学习需求，用信息技术赋能思政课，在增强思政课的教学实效性的同时做到守正创新。

四、思政课信息化教学的亮点及特色突出

随着时代的发展，我们正在进入由互联网、物联网、人工智能等一系列新技术所支持的数字时代。思政课信息化教学既是教学领域的时代革新，也是展现思政课数字化发展的重要窗口。各高校思政课信息化教学推进了信息技术与思政课的深度融合，在融合的过

程中体现出鲜明的时代特色、校域特色、行业特色、地方特色等。

1. 体现时代特色。

2019 年，中共中央、国务院印发《中国教育现代化 2035》，其中提到将改革作为推进教育现代化的根本动力，深化教育领域综合改革，增强系统性、整体性和协同性，破除不合时宜的体制机制弊端。充分运用新技术、新机制、新模式，创新教育服务供给方式，深化办学体制和教育管理改革，充分激发教育事业发展生机活力，为教育现代化发展提供了基本遵循。信息技术的发展是时代的产物，打上时代发展的深刻烙印。思政课信息化教学是教学与技术的双向奔赴，是对时代发展趋向的回应。对部分高校进行思政课信息化教学的调研也看到了高校在信息化建设中呈现出的现代性特征。虚拟现实 / 增强现实（VR/AR）、"移动互联网 +"、区块链、大数据、云计算、5G 和人工智能等时代新技术在思政课教学领域的出现和运用，为思政课信息化教学提供了技术动能，呈现了思政课适应现代技术发展的革新特色，展现了现代教育发展的跨界融合的育人新图景，重构了教学新生态。例如，华北电力大学大数据与哲学社会科学实验室通过四年的研究实践，构建出基于大数据的高校思政课 "学生获得感" 精准测度。该案例的创新性做法在于，基于四年研究实践，运用大数据思维和大数据技术方法，破解了阻碍高校思政课 "学生获得感" 精准测度的两大 "痛点"：一是作为 "主观感受" 的 "学生获得感"，其客观测度的依据是什么；二是作为 "学生获得感" 特殊载体的 "全过程数据"，怎样有效获取和挖掘。通过华北电力大学关于利用大数据技术分析思政课教学的 "获得感" 评价可以看出，技术服务思政课的效度在不断增强，为思政课教学效果的科学评价提供了数据支撑。

2. 体现学校特色。

教学是讲究艺术与特色，需要体现一个学校教学风格与教学特色。思政课信息化教学也需要在具体的实践中呈现学校特点特色。有些学校本身具备自主开发教学信息系统和教学数字工具的能力，在信息化教学的建设与实施上能够呈现技术的自主设计与实施；还有的学校在信息化教学资源的整合上体现学校特色，将学校丰富的育人资源转化为思政课数字育人资源，打造校域数字资源库。特别是将学校丰富的红色文化资源、校友榜样人物故事、模范教师、校史故事等整合成思政课需要的数字资源，在开展数字化教学过程中利用学校特色资源开展育人活动。还有的学校整合全校育人资源打造思政课虚拟仿真教学体验中心，以学校特色的资源为切入点打造沉浸式场馆，充分利用 VR/AR 等技术让人物故事、学校历史事件、身边的师生正能量故事 "活" 起来，让数字技术赋能思政课新的打开方式。例如，长春理工大学马克思主义学院充分挖掘校本资源，把校史作为思想政治理论课教学的重要组成部分，及时把优秀校友、典型人物的先进事迹引入教学，丰富教学内容，为推进思政教育数字化和产教融合发展发挥积极作用。

3. 体现行业特色。

"新中国成立以来，在党的领导下，行业类高校及其对口的行业都创造了光辉的发展历史，涌现出许多可歌可泣的先进人物和典型事迹，积淀了发扬优良传统、反映行业特点、与社会主义核心价值观相一致的行业精神，思政课教学改革创新要用好用足这些行业资源，讲好行业史，传递行业情，激发行业志。"思政课教学要充分调动学校特有的专业资源、行业资源，以此赋能思政课信息化教学守正创新。行业资源主要指向的是学校开设专业大类指向的产业和行业中可以为思政课教学服务的育人资源，例如，企业中的校友资源、企业中的人文资源、企业发展的创新技术、行业文化等。思政课信息化教学如何体现行业特色，这是很多高校思政课教师在思考的问题，这需要发挥思政课教师的教学主动性和创新性。有的老师通过云端方式引入行业资源，举办线上校友资源茶话会；邀请部分行业能手连麦与学生互动交流；云游企业展馆，看企业创新故事等。例如，有的老师根据学校茶艺专业比较突出的特色，对接茶叶企业，开展数字育人资源合作，建立了云端"茶话会"合作模式，定期利用数字教学平台虚拟场地举办师生与行业企业家互动的"茶话会"，茶话会按照教学主题内容需要，安排学生与企业家进行访谈对话，在相互交流中增强学生对自己所学专业的认同，也从行业企业家的奋斗故事和人生经历中获取成长养分，实现"网络＋行业资源"的教学新模式。诸如此类的思政课还有很多，例如，云端模拟法庭、云上的建筑大师、人工智能线上工坊体验等，体现了互联网时代背景下教师教学的创新能力，也为思政课信息化教学提供了新的资源空间。

4. 体现地方特色。

思政课教学素材来源于生活，也必须走向生活。思政课信息化教学在资源建设上可以利用地方特色资源服务教学。例如，地方的民族文化资源、地方传统文化资源、地方风土人情资源、地方红色文化资源等。这些资源可以通过数字化技术进行分类整合、数字包装，成为思政课信息化教学资源开发的重要组成部分，也是提高思政课教学亲和力和针对性的重要资源。例如，江西的高校就充分挖掘地方红色文化资源，利用互联网技术，大力开展思政课教学的改革创新。江西上百万大学生自主线上云游爱国主义数字展馆，成为思政课教学的重要补充资源，大学生通过线上直播的方式，将自己利用红色文化资源创编创演歌舞、情景剧、动漫等实践作品展示出来，扩大红色文化的影响力。江西 24 个爱国主义教育基地数字展馆都由金牌讲解员讲解，应用 AI、VR 新技术全景数字化呈现，为大学生开展红色实践活动提供了丰富的育人资源。还有的学校思政课借助线上云游的方式开展教学，改变了老师台上教、学生下面听的模式，让学生在沉浸式体验中激发学习的主动性。在西安，思政课教师充分利用地方深厚的历史文化资源，开展思政课教学，借助地方"博物院＋科技＋创意"的数字文化资源，借助网络时空隧道，带领学生开展行走的思政课，静距离体验全息影像《霓裳羽衣舞》，走进盛唐的历史世界。在广西，部分思政课教师借助民族博物馆线上 VR 展厅资源、民族文化视频资源为学生讲述民族地区文化发展历史与铸牢中华民族共同体意识的相关内容，学生利用手机云上参与地方民族博物馆的打卡活动，创意讲解词的撰写，线上民族知识竞赛等。每个城市都有其深厚的地域文化资源，思政课教师在开展信息化教学过程中，要充分挖掘和整合地域文化资源，让思政课教学活起来。

第四节　可持续优化的空间

19 世纪，教育思想家赫伯特·斯宾塞明确指出："教育应从传统与古典的束缚中挣脱开来，适切地符合当今社会生活发展的需要。"信息技术的发展总是日新月异，高校思政课信息化建设也在顺应技术时代的变化而变化，诚然，不管技术如何发展，思政课借助技术服务教学实现立德树人这一根本任务的目标指向没有变化。目前高校思政课信息化教学已经处在相对最好的发展时间，不管是学校的重视程度还是经费和技术的投入比重都是达到了历史的最好阶段。同时，思政课信息化的发展也带动了思政课教学改革的同步发展，在看到信息技术赋能思政课教学的同时也要看到目前高校思政课信息化教学开展过程中还存在可以继续优化的空间和改进的地方。

现阶段，思政课教师要从认知层面去审视技术介入的定位；从功能发挥层面去看待技术赋能思政课的变革之处；从技术的特性上去建构适合学生的信息化教学模式。把这些基本问题认识清楚，是开展思政课信息化教学革新的前提。部分高校为思政课信息化建设投入了大量的人力、物力，但是对技术如何影响思政课教学，如何发挥技术最大效能，如何客观评价技术服务教学的真实效果还探索得不够深入和全面。当前，可从以下三方面去客观看待信息技术，不断增强思政课教学的亲和力、针对性和实效性。

一、利用信息技术赋能话语叙事，在思政课话语建构中增强价值引领力

话语作为思政课教学重要的媒介，影响和关系着思政课教学效果的好坏。随着科学技术的不断发展，催生了非常多新的话语表达形式，呈现出新颖性、独特性的特点。为了更好地巩固社会主义主流意识形态，解决好数字时代背景下思政课信息化教学出现的话语表达问题，更好地实现立德树人，在利用信息技术开展思政课教学，需要在话语建构中去增强思政课本身的价值引领力。

思想政治理论课话语是："指在思想政治教育过程中，进行传播思想、塑造价值、规范行为的，用于师生之间上也体现出了相关研究的迫切性和价值性。"简单来说，思政课教学话语是一种意识形态话语的表达，安排大学生上思政课就是让大学生能够坚定社会主义意识形态，拥护党和国家发展的各项制度、政策和决议，全方位培养中国特色社会主义事业的建设者和接班人。此外，思政课话语还应该是体现价值引领的话语。在思政课教学过程中，理论知识的学习是基础，引导学生树立马克思主义信仰，坚定中国特色社会主义的信念为重点。除此之外，利用信息技术开展思政课教学要注重话语内容的表达、话语形式的呈现、话语语境的建构、话语表达的效果等。

列宁曾指出："从生动的直观到抽象的思维，并从抽象的思维到实践，这就是认识真理、认识客观实在的辩证途径。"思政课教学话语建构直接指向教学过程中的"如何说"这一层面。可见，改变思政课话语表达的形式与技巧，在教学过程中使用深入浅出，符合学生认知接受规律的话语表达，可以有效地提升思政课教学的亲和力和针对性。从思政课话语"如何说"这一过程逻辑来看，信息技术的介入可以有效改善思政课教师话语表达，增强实效性。首先，信息技术具有强大的内容处理功能，为思政课话语表达的内容选择提供便利。事实上，思政课教学具有鲜明的政治性，这种政治性不是抽象的而是具体地体现在思政课教学内容的选取、加工和呈现的方方面面。例如，信息技术在处理思政课教学内容的过程中，思政课教师要把控内容处理的政治性，必须坚持正确的政治方向，使得内容契合党和国家的大政方针，符合社会主义意识形态的要求，体现国家主流价值的需要，在教学话语表达上体现马克思主义指导思想的真理魅力。

习近平总书记指出："世界经济数字化转型是大势所趋，新的工业革命将深刻重塑人类社会。"数字时代为提高思政课教学实效性提供了新的发展语境，基于这一语境，重新审视思政课教学，优化思政课教学路径，强化思政课教学价值引领力既现实需要又是发展必须。信息化教学不仅是数字时代的技术变革，更是一种教学思维的变化。在思政课教

学话语建构中，如何运用数字思维去开展思政课教学，这本身就是一种适应时代发展趋势的思维变化。首先，思政课教学的话语表达更加地开放和多元，在互联网世界的虚拟交往中，师生与生生之间的互动交流被赋予更多的不确定性，需要借助教师强有力的政治话语进行价值把关。其次，思政课信息化教学的空间场域被拓展，学生参与学习、互动的空间转场加剧，各种网络意识形态暗流交错，信息化教学空间场域的生态环境越来越复杂，教师主导的话语权受到互联网技术的削弱，需要强化教师教学主导实施中的意识形态把控，坚守主流意识形态的话语主导权。此外，思政课信息化教学容易受到互联网语言表达碎片化的影响。随着微博、微信、短视频的快速崛起，知识信息既可以从不同的端口输出和输入，也可以通过不同的平台传播、复制、加工。网络知识的碎片化倾向肢解了信息的完整性，信息的非整体性，信息话语风险的多矛盾性成为新的隐忧风险。例如，教师与学生在日常信息的收集中会感受到互联网时代信息的极大碎片化，碎片化的知识之间存在信息拼接的错位和割裂，极其容易误导师生，并产生认知上的偏差。这样的互联网现状产生的结果集中表现在碎片化网络时代，话语内容能否真实反映现实、是否完整呈现不再重要，那些个性化、互动性更强的信息更能吸引被动主体的注意力。

诚然，利用数字技术开展思政课教学是教育技术发展的趋势，也是时代发展的结果。但是思政课教学是具有鲜明价值引领性的课程教学，在其信息化教学实施过程中要注重话语表达的主导性，体现社会主义主流意识形态的鲜明性，掌握话语主动权，让信息技术持续良性地为思政课教学服务，成为思政课教学话语提升重要的载体。

二、利用信息技术的教学互动，在深度参与中提升教学亲和力

"网络时代的到来，使我国高等教育获得了新的发展机遇，主要表现在高等学校的教学活动过程中，教师和学生互动关系的变化。从空间上，由单一的实体教学互动变为实体教学和虚拟教学的双重互动；从时间上，由单一的同步教学互动变为同步和异步的双重教学；从知识上，由不平等单向传输变为平等的双向传输；从信息资源上，由传统单向共享变为现代的双向共享。"网络时代教学环境的变化，需要借助技术的力量增强师生教学互动的亲和力。从心理学的角度看，亲和力主要指个体和他人以及和团队相处时所表现出来的一种积极的状态，这种状态产生的愉悦感使得主体间的距离不断被拉近，更容易产生积极的行为结果。其明显的特征表现为愉悦、易于接纳、敞开心扉、认同、乐于参与分享等。从这个层面来分析思政课教学的亲和力，可以得出一个基本的结论即教学亲和力会直接影响师生之间的知识交往全过程，进而影响思政课教学效果。在信息技术极其不发达的

过去，思政课教师研究教学亲和力往往更注重真实环境中师生和谐关系的建构，尝试从话语表达、行为互动、多元载体重组中不断探寻教学的亲和力，为当前信息时代的思政课教学亲和力发展提供了经验借鉴和路径参考。

亲和力作为教育教学无形的育人力量，必须高度重视。提升思政课信息化教学的亲和力可从以下几方面开展工作。一是选择信息技术要有针对性。亲和力所表现出来的是一种积极的正向能量，富有亲和力的思政课教学不是随意地拼凑信息化教学手段，满足教学过程的技术要求那么简单，而是根据班级授课对象的具体学情，有针对性地选择适合这个班级教学的信息技术手段。从学生的角度去思考，学生是否愿意接受这样的技术手段开展教学；学生对教师选择的技术手段的认知和使用的适应能力应该成为思政课教师选择信息技术手段应该思考的问题，也是开展亲和力教学的前提和基础。试想下，如果学生本身都不喜欢、不接受老师教学过程中采用的信息技术手段，那学生在接受和认同上肯定存在情绪壁垒，直接影响教师教学的实施过程和最终教学效果。在确定信息技术手段之后，如何利用技术的特性、数字化功能开展教学互动和体验又是考验教师教学实施过程是否具有亲和力的第二个关键点。

从技术的物理特性看，信息技术本身不带有人的主观情感色彩，更多地是人为地赋予其情感要素。思政课教师在信息化教学中不断激发技术的亲和力，在构思和处理师生互动、生生互动中使得技术与人的情感交融更有亲和性，实现这一效果可以从技术环境的营造以及技术辅助学生互动表达上去增强。例如，利用智慧教室的虚拟环境角色扮演体验容易激发学生互动的情感表达。教师通过设计教学中各类任务角色，让学生根据教学内容和自我兴趣去选择人物角色，并按照设计的内容轴线与路径去完成教学知识任务，让学生在角色互动中了解人物故事、历史事实，将知识的简单传递化为学生角色扮演需要的互动语言，潜移默化地实现学生对知识的内化效果。这类互动型技术活动满足了学生的扮演欲、体验欲、模仿欲，极大激发了学生参与教学互动的兴趣和乐趣，有效增强教学互动的亲和力。

三是教师的理论讲授要有亲和力。思政课教学和一般的教学不同，理论讲授是考验思政课教师教学能力的关键要素，需要将马克思主义理论讲深、讲透、讲活，没有理论性的思政课教学是没有灵魂的教学，必须坚持理论性和实践性的统一。思政课是立德树人的关键课程，只有讲深、讲透、讲活马克思主义理论，才能让学生对马克思主义理论产生科学的认知，实现真知、真信、真用的效果。当前，部分马院的思政课教师马克思主义理论素养还有待加强，对马克思主义博大精深的理解力和领悟力也需要不断地提升，在教学中对马克思主义理论的讲授不够深入、阐述马克思主义理论的话语还不够鲜活。对于如何讲好马克思主义理论，信息技术或许可以为教师提供辅助功能。信息技术可以帮助教师更好地在教学中讲清楚马克思主义理论、讲活马克思主义理论，让理论教学更有亲和力。例如，信息技术可以辅助教师为学生更好地了解马克思主义理论营造环境。如，部分高校马院上线了"伟大导师——马克思、恩格斯主题虚拟仿真资源"。在"伟大导师"虚拟资源中，"虚拟教师"会围绕马克思的生平故事、马克思主义理论诞生的过程、马克思主义在中国的传播历史等内容展开虚拟讲解、情境互动、答疑解惑，帮助学生全方位、立体的认识马克思和恩格斯的生平故事；了解马克思、恩格斯的革命友谊、了解马克思主义诞生和传播的全过程。对于学生而言，这样的虚拟教学资源可以有效地拉近理论与学生的情感距离，让学生产生理论学习的探究欲望，学生还能自由地切换和选择对应的理论板块进行学习，契合学生学习的自主性。此外，还有的软件可以帮助学生链接到各类在线理论资源库，开展马克思主义最新理论成果的学习，成为教师和学生课堂理论学习的小助手，既能帮助学生答疑解惑，又能辅助学生开展理论自学。还有的老师利用在线连麦、开展虚拟辩论、举办线上理论茶话会等形式开展理论教学，借助数字技术让教学形式更接地气，教学过程更具有亲和力。

三、利用信息技术的创新创造，在生活实践中增强感召力

实践性是思政课教学的重要特性，实践教学是思政课理论教学之外的重要环节，当前，建构思政小课堂与社会大课堂的互联互通是增强思政课实践教学的新方向，也是践行"大思政课"理念的重要抓手。思政课教师一般在常规的实践教学形式上很难有更大的创新，这也是思政课实践教学发展的现实瓶颈。信息技术的接入，为改变这一现象提供了可能。大学生具有"数字原住民"（Digital Native）的标签特征，他们在互联网场域内具有活跃的数字思维，在思政课实践教学过程中要充分调动大学生"数字原住民"的技能优势。

信息技术融入思政课教学，改变了思政课实践教学的形式与过程，这个改变是巨大的，不仅体现在让实践教学更具有技术感、彰显时代特征，还体现在可以扩大实践教学的空间，让实践教学走向更宽广的领域，例如，马院依托教育部"领航计划"全国高校大学生讲思政课公开课展示活动评选活动、大学生思政课微展示活动开展主题实践活动可以有效的解决学生数字化实践任务的达成，通过将大学生喜欢的信息技术融入其中，让思政课实践教学更接地气，更有年轻人的活力。大学生可以借助微博、微视、抖音、哔哩哔哩等互联网媒体平台开展实践作业的制作和展示，不仅体现了大学生依靠技术、玩转技术的时

代技能，也向互联网场域传递了大学生实践作品表现的正能量精神，为社会了解高校思政课实践教学打开了一扇窗口。

部分学校注重思政课实践教学平台的搭建，通过建设功能强大的"云上思政实践平台"，将学生感兴趣的主流媒体号和网站作为开展实践教学的传播矩阵来打造，提升网络技术服务思政课实践教学的育人成效。经过长期的实践，互联网已经成为思政课实践教学开展的重要依托平台，但是任何事物都具有两面性，在发挥信息技术服务思政课实践教学，打造数字思政课实践新样态的过程中还要注意如下问题。一是注重实践作品网络传播的社会效益。目前，大量学生思政类实践作品被上传到视频平台，成为师生实践作业交流的新路径，也是让社会关注大学生思政课教学成果的重要窗口。从适用的角度看，一方面说明思政课教师与学生开始注重利用信息平台来展示和传播优秀的思政作品，但是也会引起另外一个层面的担忧。例如，学生创造的视频类作品是否审核到位，内容是否保证与主流意识形态相吻合，是否能反映和体现理论与实施的真实性和可靠性，是否存在抄袭和虚构产生的"流量作品"，这是需要思政课教师在指导学生网络实践作品时候要考虑的问题。二是注重实践作品的生活气息。思政课教学要坚持生活叙事逻辑，要结合学生生活环境要素进行充分的运用，要意识到学生思维和行为的发展离不开具体生活的环境影响，对学生个性化的生活习性和认知作出现实回应，引导学生从生活中来，回到生活中去，讲好学生身边的故事。具体而言，就是思政课实践教学要启发学生关注身边人身边事，把作业写到祖国大地上，从人民群众的生活中汲取人生奋进的力量，从社会大课堂中去感悟社会发展的力量，去感受祖国伟大变化带来的自豪感和幸福感。

马克思主义认为，人民群众是创造历史的主体，也是推动历史发展的主体力量。"马克思主义第一次站在人民的立场探求人类自由解放的道路，以科学的理论为最终建立一个没有压迫、没有剥削、人人平等、人人自由的理想社会指明了方向。"在时代的变迁发展中，人民的力量是一切社会发展进步的重要推动力，思政课实践教学要在把握人民性的立场中阐述相应的观点，做到实践来源于人民，又从人民回到实践，以双向奔赴的人民情感推进实践作品的内涵式呈现。正如习近平总书记指出的，"对中国人民和中华民族的优秀文化和光荣历史，要加大正面宣传力度，通过学校教育、理论研究、历史研究、影视作品、文学作品等多种方式，加强爱国主义、集体主义、社会主义教育，引导我国人民树立和坚持正确的历史观、民族观、国家观、文化观，增强做中国人的骨气和底气。"所以，思政课实践教学的作品要真实的反映人民群众的智慧，要真切地流露出对社会的关爱，要体现党和人民之间深厚感情，这样的作品才是思政课实践作品应该体现的价值导向。三是要注重技术伦理的把握。技术伦理意识是技术主体在对技术行为或技术存在进行的道德思考和反思基础上产生的。信息技术服务思政课教学本身就是一把双刃剑，"倡导技术主体养成善的伦理意识，鼓励他们对技术行为进行伦理维度的考量，以尽量保证其伦理行为具有道德正价值。"大学生在使用技术服务实践教学的时候，要把握技术使用的伦理正义性。这个正义性体现在作品涉及的各项要素符合时代主流价值观、符合思政课的课程属性、符合师生和社会群众的主流认知规律，不能将技术作为获取他人信息、危害他人信息安全，泄露国家信息的载体，这是基本的底线也是最关键的审核要点。思政课教师作为学生实践开展的主导者，必须肩负起学生作品的把关和审核责任，要严格把关实践作品的内容，审核内容的价值取向是否符合社会主义核心价值观的具体要求，还要重点把控内容涉及的各项要素是否国家法律法规相违背，保证作品的正当性、合法性和道德合理性。此外，互联网属于开放的空间场域，链接世界。由于网络空间传播的速度较快，影响范围较大，就要求思政课教师在指导学生制作和传播作品的过程中要坚守道德底线，遵守社会公序良俗，还保证传播路径的正当性，保证上传平台的合法性。还要注重保护作品制作人和参与人的个性信息，特别是学生在开展网络实践作品制作的时候容易从网上下载素材进行加工，但是对素材来源的真实性和合法性的鉴别能力较弱，也缺乏版权意识，导致部分实践作品存在较大的道德和法律风险。因此，思政课教师要提高警惕，指导学生要做到引用内容有出处，选择案例有保障，避免作品内容引起的版权争议，实现数字赋能思政课实践教学合理合规合法的有效运行，在实现技术推进实践教学多样性的前提下规避技术引发的各种类型的风险，以保证实践教学的顺利开展。

第三章

高校思政课信息化教学面临的挑战

社会存在决定社会意识，高校思政课信息化发展受到来自现实社会发展的各个要素的牵绊。信息技术发展的社会环境给思政课带来新的发展机遇，提供新的发展潜力，同时也带来新的风险挑战。现阶段，智能技术赋能教学的主要风险之一是，将技术应用视为过度的技术消费，造成了主体弱化和价值迷失等问题。在讨论技术影响教育环境的同时也要思考技术带来的负面影响，以及对人的主体性的消解等问题。事实上，如果从系统性角度去看待信息技术给思政课带来的挑战，可以从技术影响的要素、技术影响的过程、技术影响的结果这几个角度去分析。

第一节　驾驭技术的挑战

"如果借用海德格尔的'展现'这一术语的话，可以认为，现代技术是对现代人力量的'展现'。"技术的学习本身是思政课教师综合能力提升重要的组成部分，正如麦克卢汉所描述的，媒介或者说广义的技术已经成为现代人身体的外延。新时代思政课教师现代综合素养提升要求会对技术的掌握和驾驭有明确的指向。例如，如何使用信息技术开展教学，如何把握信息技术的高效性，避免其负面性对育人的影响，如何激发技术的"善意"，营造人与技术和谐共生的现代教育氛围。解决这些问题的前提要素是考虑思政课教师对信息技术的驾驭能力，这是关键。一般而言，驾驭的引申词主要指掌握控制，支配和充分地利用。那对于思政课教师而言，掌控技术的难度难在哪里，如何控制技术的各项要素，如何激发信息技术的正向功能最大化，并被加以利用，这是技术赋能思政课信息化教学发展的前提基础。

一、信息化技术在思政课教学运用的难度差异大

"技术固然可以改变人，但最终是为人服务的。人创造并利用了技术，他也应当能驾驭技术，而不是被技术所驾驭。"随着教育环境发展的多样化，信息技术的变化也随之增强。目前，由于信息技术领域的发展呈现多样性的发展态势，技术的本身复杂性就决定了技术使用者在驾驭技术的时候存在一定的难度，而且难度的范围和类型也不尽相同。当前，谁掌握了信息技术谁就掌握了信息化教学的主动权，过不了信息化教学这一关，就很难确证教师现代教学素质的综合性提升。当前，思政课教师正处于信息技术"爆炸"的时代，数字化、智能化、网络化的信息技术浪潮席卷教育行业，成为教育发展的新形态。在这样的背景下，技术的"难度差异"就成为教师掌握和驾驭技术服务教学的一个关键要点。

1. 技术的难度何以体现

每一种技术背后都有一套制度和价值体系支撑其生长、成熟、蔓延，技术自身是具有理性的，也有着对技术使用者——人的特殊规定性，"一旦被接受，技术就会坚持不懈，就会按着它设计的目标前进。"技术本身就是对现实的超越，具有一定的前瞻性和使用难度。技术服务教育的"难"主要体现在技术本身的内在机理复杂性和技术对现实的超越性。部分思政课教师在使用技术开展教学的过程中首先反馈出来的感受是对技术本身的掌握难度大，特别是要深入了解技术本身的物理能量、技术特性等。此外，还有的老师没有深入考量技术对教学开展的适应性问题。例如，智慧课堂本身的架构逻辑是如何激发教师和学生在教学过程的主动性和自主性。事实上，很多思政课老师在使用智慧软件开展教学，只是在形式上体现了技术的先进性，本质上还是没有充分了解技术在何种程度推动教育的变革与发展。从这个程度上看，思政课教师要想充分使用信息技术开展教学并取得良好效果，首先应该从信息技术本身的本体属性和价值属性去充分了解。例如，信息技术本身的效度能否完全在思政课教学中发挥出来，还是仅仅作为一种技术的形式呈现，而不管其真实效用的发挥。还有的老师在教学过程中难以驾驭技术，使用技术的过程存在知识呈现与技术呈现"两张皮"的现象，也就是难以呈现知识与技术的有效融合，很难发挥出技术为教学知识提供更好的呈现形式这一初衷，反而增加了学生对知识吸收和知识享用的形式负担。

2. 摒弃难度越大，效果越好的技术使用偏见

随着思政课教学多样性的发展，很多思政课教师都将目光投向思政课信息教学，期待从技术本身的变革力量上寻找思政课发展的新增长点。这样的思维本身是具有合理性，体

现出教育与技术融合的时代需求。随着思政课信息化教育的不断深入发展，部分教师对技术服务教学的理念和想法也存在了偏颇。例如，部分教师对教育技术的更新要求越来越高，期望技术能解决一切教学出现的难点、堵点问题；还有的老师将教学效果不佳归因于没有使用信息化技术，或者使用的信息化技术不够先进。从一定程度上看，这些错误的想法源自教师没有正确看待技术服务教学的工具性功能，也没有认真思考教师本身对教学技术使用的驾驭能力和创新能力，仅仅从技术本身的属性逻辑去思考问题，做出简单的归因。从另外一个层面看，也反映出技术对教育的产生了"绑架"现象，使技术使用的教师主体越来越依赖技术的功能，从利用技术本身的工具性服务教学走向了"一切唯技术"的技术占有极端。从哲学视域看，这恰是一种"技术异化"现象。有学者对技术异化作出了界定，认为："技术作为主体自身活动的产物，反过来成为异己的力量，对主体产生了支配控制并带来危害。"从关于教育技术发展理论的研究成果看，并没有存在技术难度越大，教学质量就越好的直接归因关系。在教学实施过程中，思政课教师大量使用人工智能、大数据去呈现学生的学习行为习惯，但是部分学生却在心理上存在抵触情绪，因为他们觉得大数据对自我分析容易暴露个体隐私，并且容易产生数据结果焦虑。在当前思政课教学课堂中，数据结果对教学结果的分析确实给师生带来了便捷性，但是数据结果是不是就能代替学生成长性的评价，是注重学生学习过程的成长还是依靠数据分析对学生产生的"画像"依赖，这都是值得思政课教师深入思考的现实问题，特别是思政课教学对象是现实的个体，是具有发展不确定性的个体，在教学过程中，学生所表现出来的成长性是客观存在，这种成长性不能直接套用数据模型分析加以定型和定性，否则就违背了教育规律。而技术数据则是客观的数据分析，往往具有唯一性，技术不会基于学生成长的规律去综合考查学生的学习效果，只是用阶段的数据评测出学生所谓的"学习特性"，这就产生了之前提到的，技术数据的确定性和学生主体成长的不确定性之间的矛盾。

3. 技术发展对师生接受与适应难度产生消解

对教师教学信息化能力的培训已经成为高校师资培训的常态内容。学校组织的信息化教学能力培训大部分属于大类通用培训，学科分布广，参与教师的群体类型多，教学课程之间还存在较大差距。在这样的背景下，不同教师、不用课程对同样一个技术的使用是必然存在差异，这就产生了一个现实的难度问题，即思政课本身的教学规律和其他学科使用同一技术产生不同效果的差异性问题。很多思政课教师在培训前后都没有理解清楚思政课教学本身的内在规律性，特别是在育人的过程中，信息技术介入思政课教学的作用、机理、功效。还有的学校投入大量人力物力建成了全校性的智慧教室、智慧教学资源平台、智慧教学应用软件、智慧远程服务终端等，对思政课教师而言，种类繁多的信息化教学技术让教学本身存在心理负担和教学实施压力，让教师产生了"畏难情绪"，消解了教师在教学过程上的积极性。教学是讲究情感需要的过程，教师与学生的情感情绪的变化会对教学过程师生关系的好坏产生直接影响，如果教师在采用自己不熟悉的技术开展教学时就容易产生技术使用焦虑，或者产生教学情绪焦虑，这些情绪的产生必然使得教师在教学过程中走向紧张、焦虑、不安，这样的情绪变化会传递给学生基本的环境信号，让学生产生适应教师焦虑的心理恐慌，最终走向"负能量"型的教学结果。还有的信息技术是通用型教育技术，主要面向大众教育者，不是思政课专属教育教学类技术，按照这一类型的技术特性，是不可能完全适应所有教师和所有专业学生的学习习惯和需求，其结果是让学生在使用和接受上存在不适应性，这些都是技术服务教学应该要解决的难点问题。

二、思政课教师群体信息化技术运用能力的差异

"办好思想政治理论课关键在教师，关键在发挥教师的积极性、主动性和创造性。"思政课教师群体内部人员之间的信息化教学能力有明显区别，不同教师对技术的认识与理解会存在思想和行为上的偏差。在考查思政课信息化教学效果存在差异的同时也要考虑教师自我本身的教学能力的差异，考查思政课教师信息化教学能力先了解下教师本身在理解信息化技术上的差异，在现实教学过程中会存在如下现象。例如，有些老师只是把信息技术当做教学的普通载体来看待，并没有引起教师对技术革新教学，重塑教学生态的重视，部分老师也不会花很多时间和精力去研究信息技术如何融入思政课教学；也不会去研究信息技术本身给自身教学带来的创新变化，甚至从思想层面上对思政课信息化教学存在心理抵触和排斥。还有的老师为了信息化而信息化教学，在信息技术的浪潮中成为被"卷入"的群体，这类教师本身不会排斥信息化教学，但是也缺乏必要的信息技术媒介素养，在信息技术融入思政课教学的实施过程中缺乏创新主动性，只是在"用"多少的程度上进行反复实施，而没有从"用"的效果上去深入挖掘技术使用的效果和反思。

还有的思政课教师因为使用习惯和思维上的差异对信息技术的使用存在难以驾驭的能力事实，特别是受年龄和思维的限制，部分教师的信息化教学能力确实存在客观上的不足，这也是思政课教师驾驭信息技术开展教学不得不考虑的现状问题。考虑了思政课教师驾驭信息化教学在能力上差异，就必须再思考如何缩小思政课教师群体之间驾驭技术能力的差异问题。事实上，可以按照技术类型、教师类型、学生专业类等细分要素进行合理的评价和判断教师信息化教学使用能力。例如，人工智能与大数据技术在思政课教学中的运

用要开展大量的数据调查，还要进行数据参数的设置和分析，对于大部分老师而言具有现实挑战性，不仅需要消耗大量的时间去研究其运行机理，还要考量设置参数的合理性。再如，虚拟仿真需要调试各类动态画面，在画面、场地、活动的切换上需要各类技术的转场，对思政课教师而言是不小的难度和挑战，这也就不难理解为什么技术更新越快思政课教育信息化技术使用的难度越大，因为人在消化一项教育技术的时候，需要从内在认识到外在运用一系列的适应和理解，绝不是仅仅打开技术手段即可获得良好的教学效果。

三、思政课教师使用技术教学的内生动力的差异

习近平总书记指出："教师是立教之本、兴教之源，承担着让每个孩子健康成长、办好人民满意教育的重任。"思政课教师是鲜活的个体，是自由的人，必然存在作为主体人之间的差别，除了学习能力的差异、教学经验的差异。辩证唯物主义认为，内因是事物变化的根据，外因是事物变化的条件，外因通过内因起作用。教师使用技术的内心动力的差异也是影响教师主体信息化教学效果差异的重要原因。在《辞海》中，"动力"的基本含义是指可使机械运转做功的力量或者比喻推动事物前进和发展的力量。内生动力是行为在心理上的内在表现，具有隐蔽性和差异性。其隐蔽性表现在难以通过现象去直接判断教师教学行为的真实原因，在教学实施过程中，技术使用的过程是相对独立，在自动独立模式背后到底教师参与的积极性有多大，是一个难以测量的问题。把这个问题简单化表述就是如何激发思政课教师使用信息技术推动信息教学高质量发展。

马克思认为："在社会生存条件上，耸立着由各种不同的，表现独特的情感、幻想、思想方式和人生观构成的整个上层建筑。"思政课教师信息化教学内生动力问题，涉及几个要素：一是教师使用信息技术的动力怎么激发出来；二是激发出来的动力如何持续地让思政课教师高质量地去实现技术与教学的深度融合。对于第一个问题，部分一线教师会产生自我纠结的教学心态。突出表现在以下问题的思考：使用信息技术手段开展思政课教学是不是必要；如果没有使用信息技术是否会影响教学质量。其次，教师主导的信息技术的使用是否就会产生最佳的教学效果。从教师心态上讲，教师对教学信息化手段的时候还是存在自我疑惑，对自我主体使用信息技术的能力表示有怀疑，也纠结于教学形式改变后自我的适应能力，这都是信息技术与思政课融入中，技术与教师主体之间的磨合过程产生的疑虑和问题。第二个问题就是教师使用信息技术开展教学的动力如何持续下去，在现在主流的教师教学评价体系中，教师使用信息技术开展教学是评价教师教学的其中一个维度。这样的教学评价指标从客观角度出发，确实激发了教师使用信息技术开展教学的内生

动力，这种动力多少带有"必须"的意味，就容易产生为了技术而使用技术的现象出现，这也就能清楚地理解为什么在教学督导过程中，很多思政课教师使用技术开展教学呈现出"两张皮"的现状，技术与教学之间的隔阂很明显。激发思政课教师使用信息技术开展教学的内生动力是提高思政课信息化教学质量的关键，目前学界对教师群体信息化教学动力的研究还不是很多，但是也有学者提出了一些解决该问题的共性思路。一是从考核指标的设定上激发教学信息化教学动力；二是从学校信息化教学氛围的营造上激发教师动力；三是强化教师信息化教学的自我认识上产生内动力；四是从学生网络诉求的回应上反向刺激教师使用信息化技术等。

恩格斯在《路德维希·费尔巴哈和德国古典哲学的终结》中指出："无论历史的结局如何，人们总是通过每一个人追求他自己的、自觉预期的目的来创造他们的历史，而这许多按不同方向活动的愿望及其对外部世界的各种各样作用的合力，就是历史。"关于思政课信息化教学内生动力的推进路径上，建议从教师、学生、学校、环境几个维度出发，借助合力来推进思政课教学信息化发展，是有益的探索与尝试。但是，由于思政课教师本身群体的特殊性和教学课程的特殊性决定了思政课教师应该具备更高的育人觉悟，应该从自身的角度去思考利用一切有利于学生掌握知识的手段去开展教学，这个角度更多地指向思政课教师的教学自觉性和教学站位，这也是思政课教师队伍建设的基本要求，体现了办好思政课要发挥思政课教师的积极性、主动性、创造性。

第二节　教学备课的挑战

"任何重要问题的解决关键，无不包括在关于人的科学中间；在我们没有熟悉这门科学之前，任何问题都不能得到确实的解决。"这是休谟的一句名言。同理，在我们没有熟悉教学之前，任何问题也是没有办法得到确实的解决。教学备课是教师授课的基础工作，也是助力教师教学设计和教学实施顺利开展的关键工作。组织教师开展集中教学备课已经成为思政课教学管理工作的重要内容，成为提高思政课教师群体教学能力水平的重要抓手。思政课教学备课涉及多个方面，例如，对教学研究对象的研究、对教学内容的把握和分析、对教学实施过程的把控的分析，对教学使用的技术媒介和手段的选择，对教学评价的基本要素及评价指标的设置等。在这里重点讨论关于教学使用的技术媒介和手段的选择，这是思政课教师备课中的重要内容。关于信息技术的模式类型，这里只讨论主流的、使用率较高的模式，不做全部技术的分析，这也不符合思政课教师的需要现实。例如，微课教学法、SPOC 教学法、慕课教学法、智慧课堂教学法、虚拟现实教学等。

一、如何选择适用思政课程需要的技术

"主体作出正确选择的重要前提是获得重要的、有效的信息。而获得重要的、有效的信息就需要主体对所掌握的信息进行"去粗取精，去伪存真，去其糟粕，取其精华"的筛选，运用理性思维和辩证方法，正确地选择所需信息。"思政课教师在进行教学设计时都会在信息技术手段的选择上有所"徘徊"，他们既不知道选择何种技术作为主要的技术手段去融入教学，也不知道何种信息技术手段适合自己的教学习惯，他们对技术使用的信息判断和选择上存在不确定性。思政课教师在选择何种技术手段服务教学时，可从以下几个层面去综合思考，寻找到适合自己的技术手段，实现教师与技术的和谐共生，助力教学实施过程的顺利开展，产出良好的教学成效。

1. 根据教学内容选择

高校思政课涵盖多门课程，包括《思想道德与法治》《毛泽东思想和中国特色社会主义理论体系概论》《习近平新时代中国特色社会主义思想概论》等，每一门课程的内容风格、教学要求都存在明显的差异。每门课程的授课老师在选择信息技术手段服务教学时要对自己授课课程内容有深入地分析和研究，掌握课程内容的特性，寻找契合内容表达的信息技术形式。在讲授理论性较强的内容时，要重点关注信息技术如何让理论讲授更具有鲜活性，更能通俗地传递理论的真理魅力，让学生更容易走进马克思主义理论的视域；如果是讲授和学生密切联系的现实问题，可以选择一些主流信息网站的互动小程序开展社会问题辨析、社会问题透视、社会问题观点碰撞等互动环节设计，通过各类小程序实现信息交往的互动；如果是讲授的教学内容具有很强的实践操作性，需要体现能力目标达成，可以选择具有虚拟互动的信息技术开展体验式教学，通过虚拟场景的创设、虚拟人物的体验、虚拟活动的参与等让教学内容需要体现的操作性发挥出来；如果需要讲述一些知识性庞大的内容，可以选择课前自学类的教育网站、慕课平台开展前置任务的布置，把大量需要讲授的基础知识前置到课前，培养学生自主学习的能力，通过海量的基础知识学习资源简化教学内容的复杂性，将最主要的时间和精力放置在课中环节。总之，选择何种技术手段服务教学的基础出发点就是钻研课程教学需要，一切从教学内容这个最大的实际出来。

2. 根据学生学情选择

学情分析是寻找"真问题"的关键环节，在前面内容的论述中提出了要做好学生的学情分析。为什么现在部分老师课后都会普遍反映出学生对教师讲授知识和实施过程中使用的技术表现出"不感冒"的状态，其实，反过来思考是不是教师学情分析并没有做好，并没有从"真问题、真学情"的角度去思考学生是否真心喜欢教师选取的技术手段，是否对技术使用存在抵触心理等。在学情分析中，重点关注下当前学生成长的环境。如果对"05 后"大学生生活习惯的分析，可以得出一个基本的结论，互联网生活习惯已经在大学生的全过程生活范围上打上了深刻的烙印，这种烙印将大学生的生活思维紧密贴近网络时代，成为网络时代最紧密的"合伙人"，这种合伙人角色主要是基于相互推动，相互依赖的现状而得出的一般性表现的定位。但是，值得我们深思的一个"逆向网络"现象正在小部分学生群体中出现，并成为很独特的现象存在。部分学生深感网络的巨大威力，在自我主体与网络的交往中采用逆向思维的方式去思考和处理自己与网络的关系。这小部分群体喜好传统的纸质阅读习惯、喜好常态的教学模式、喜好纯粹的思辨，他们没有产生对网络知识获取的路径依赖，他们更倾向于回归与教师纯粹的知识交流，这是他们对知识交流的传统路径的喜好和认可等。对于这类学生的学习习惯和学习思维也是教师要兼顾和重视的学情，在选择信息技术，在采用信息技术开展教学的时候要注重不同学生对技术的情感判断和路径需求。

3. 根据学校特色选择

在教学过程中推广使用信息技术也可以成为学校教育教学改革的亮点和特色。例如，很多理工科院校，特别是信息技术专业比较强势的学校，往往信息技术资源丰富的学校，在开展信息技术与思政课深入融合的教学改革上有先天的资源优势。例如，桂林电子科技大学马院在思政课教学改革中就十分注重教师使用信息化技术开展教学与研究。现如今，很多学校会根据信息技术融入课程教学需要进行顶层设计，将教学信息化技术的运用和实施作为一项亮点工程来推动开展。部分学校和全国知名的网络技术公司或者技术教育公司开展合作，搭建数字教育集群阵地，实施数字教育基础工程，开展具有学校特色的数字化教学项目。例如，广西师范大学进一步引进超星公司在教育行业的专业技术和优势资源，激活教育教学发展创新能力，加快推进学校教育教学信息化建设，全方位助推课程资源及教师教学发展的数字化转型，满足教育教学和人才培养的需求，更好地服务广大师生。双方合作共建的数字媒体中心配备了课程拍摄多场景影棚、视频剪辑办公区、教师休息室等，将为学校一流课程建设、在线精品课程建设、各类课堂教学类比赛等提供课程拍摄、制作和应用推广等服务。

思政课教师在开展信息化教学时，可以根据学校已有的信息技术资源开展技术遴选，一来节约遴选的时间成本；二来提高学校信息技术资源的使用率。对于很多另起炉灶的老师而言，技术使用的指导、技术后期维护、技术服务评价的开展都会面临诸多问题，没有学校技术平台和技术服务团队的协作，纯粹依靠个体力量是很难维持效果。还有的学校会使用人工智能技术或者智慧课堂来进行特色教学。特别是学校本身在电子通信、网络技术等方面有很强大的技术资源，能够为思政课信息化教学提供成熟的技术支持，本校马院的老师就可以根据学校现有的特色技术资源去选择技术的使用，思政课教师通过选择学校认可和辐射面广的技术来增强思政课教学在整体学校信息教学中的传播力和影响力，也作为学校信息化发展的思政课实践样本形成技术圈层效应，助力学校信息技术教学从点到面，在从面到群的推广和辐射。

4. 根据技术发展选择

习近平总书记指出："世界正在进入以信息产业为主导的经济发展时期。我们要把握数字化、网络化、智能化融合发展的契机，以信息化、智能化为杠杆培育新动能。"在过去新冠疫情期间，教育技术的发展达到了近年来技术发展的高潮时期，在疫情期间，各类服务于居家办公、居家学习的互联网教育技术不断更新发展，极大地推动了教师信息化教学使用的整体进程，客观上给教师提供了使用技术上丰富的选择空间。技术的使用具有普遍性又具有特殊性，普遍性主要指示技术服务教学的无差别性，在普遍适用的条件下，教师都可以选择使用；但技术又在一定空间内具有独特性，并不是所有的老师都能驾驭和适应该项技术的特性。特别是在"互联网＋教育"、人工智能教育、智慧教育、教育数字化转型等趋势之下，选择适合学生特性，适合教师个体掌握需求的信息技术手段尤为重要。这里传递了一个很重要的信息，技术的更新迭代速度之快，是不是要追求技术潮流不断地更新和更换最新的技术开展教学，凸显技术的时代性？这个问题的产生是有直接的社会现实需要，技术公司向高校和教师推广技术产品的时候，"新"这个词一定是反复出现在技术公司产品推荐信息上的关键词。对于很多学校和教师而言，使用最新的技术手段开展教学无疑是一种教育领域新的尝试，会产出很多教学改革的新效果、新样态，对于很多学校而言，掌握和使用信息技术开展教学也是侧面反映出学校整体教学的现代化发展。

例如，2019 年，中共中央办公厅、国务院办公厅印发《关于深化新时代学校思想政治理论课改革创新的若干意见》（以下简称意见），意见指出要"建设一批国家级虚拟仿真思政课体验教学中心"，当这个政策发布后，很多省份的高校马院就开始大力推进虚拟仿真教学体验中心的建设，大部分高校都希望在新技术的使用上站稳第一梯队。例如，G省高校虚拟仿真思政课教学领域就呈现出各校使用新技术不断发展的态势，为了提高教学改革的知名度，彰显学校信息化教学革新的效果，G省部分高校希望将虚拟仿真技术的使用作为在媒体上宣传的重要教学改革内容。部分马院领导在访谈中也透露出，如果错过了虚拟仿真技术这个风口后再开展虚拟仿真思政课的建设，显然，在使用和宣传上都不会抢占最有利的位置。其次，在省内外思政课教学比赛中，很多比赛的评分标准都会要求有使用信息化技术这一基本要求。比赛文件要求信息化技术的参与，原本的初衷是为了让思政课教师多关注信息技术，多去了解信息技术赋能思政课教学，但是部分老师在理解比赛文件时就陷入了盲目追求新的思维误区，认为技术的使用越新越好，新就代表优势，代表加分项，这种类型的盲从心态还是占有一定比例的。本研究所提倡的"新"，所表达是在适合教师本身和学生接受习惯的前提下，能够实事求是地推进教学课堂革新，产生良好的实际运用效果的新技术。所以，思政课教师应该根据自身教学条件和授课对象的实际情况来选择新技术。

5. 根据教师能力选择

"实事求是"是马克思主义哲学的基本方法，其中一切从实际出发，主观与客观相符合是其核心内容。毛泽东同志曾指出："人们要想得到工作的胜利即得到预想的结果，一定要使自己的思想合于客观外界的规律性，如果不合，就会在实践中失败。"在思政课信息化教学实施过程中，教师要坚持一切从实际出发这个基本工作方法，特别是从自身能力出发。这里所提到的能力会有限定的语境，主要指的是在信息化教学中，教师主体本身的信息化教学能力。这个能力涵盖认识信息技术的思维能力；掌握和熟练运用信息技术开展教学的动手能力；实现教学信息化评价的整合能力；处理信息化教学过程遇到的突发事件的应急能力等。从信息化技术开展教学的角度上看，教师个体的能力肯定会存在差异，这种差异就是教师在选择何种技术服务教学时对自我能力的一种清楚地认识和客观的评估，这个客观事实也反向提醒了所在高校，并不是每一位老师都适合信息化教学，也不是每一位老师都能将信息化教学使用得很好，要从客观事实条件出发去评价。但是这也产生了另一个衍生的动力问题，如果教师本身没有信息化教学能力，或者说教师的信息化教学能力较弱就可以放弃对教学信息化能力的提升，甚至是直接"躺平"不用。显然，这样的判断直接陷入了认识误区。学校在开展思政课信息化教学调研时，可以将思政课教师的信息化素养和能力按照类型进行划分，并加强针对性的培训，通过能力划分、专项提升，逐步地有进阶地提高整体的信息化教学水平。在调研过程中，我们遇到一些年级教长的老师，他们普遍遇到一个共性问题：他们有掌握和驾驭技术的决心，但思维和行动跟不上技术的变化。这类教师在使用信息技术开展教学，确实面临着技术使用复制的难题，对于这类教师，他们在选择技术的时候尽量选择一些操作简便、易于自动开展的形式。例如，上传慕课链接，让学生开展自主学习；例如，提供技术平台网址，让学生自主登录操作，然后由系统进行处理得到评价结果等。

二、适用思政课课程需要的技术如何使用的问题

选择技术之后，教师又要面临着如何开展技术使用的问题。技术使用是教学实施过程的重要环节，是直接呈现技术产生教学效果的关键之处，思政课教师在教学开展之前就应该有明确的教学实施方案，明确技术使用的形式与过程。具体而言，可从以下几方面去思考和准备。

1. 使用目的的考量

教师在开展信息化教学之前需要撰写教学设计和教学实施方案。其中，针对使用的技术开展教学实施就得明确其使用过程的各项要素，并做详细的使用记录，使用过程的撰写是需要比较详细的记录和反复地考究。例如，在课前的学习预习和任务的布置环节，教师需要明确学生利用信息资源或者信息平台开展任务的清单。特别是在翻转课堂理念的引导下，思政课教师要注重学生课前知识的预习和任务的完成，并思考教师本身需要整合的技术手段应该从教学哪些环节开始介入；学生在利用信息技术的时候又要完成何种程度的任务要求，老师都需要在教学设计上明确量与质的要求。在课中环节，教师使用哪些互动技术、使用哪些技术开展调查研究、使用哪些技术活跃气氛，这些都需要明确。在教学实施阶段，有些教师纯粹以个人喜好为直接依据开展信息化教学，仅从为了使用技术而使用，在整个教学过程中，技术的使用与知识的融合存在不协调的想象，显然不符合信息化教学的实施规律。

在教学实施前，可以将学生学情分析作为挑战教学过程策略的依据。例如，在学情分析中发现学生喜好"热闹"的教学气氛，学生比较积极活泼，希望有更多的自我分享和表达的机会。教师根据这个学情特点，可以通过采用互动类技术来增强师生间的互动效果，以此对接课前学情分析的需求。目前，市面上很多智慧软件的功能都可以实现教学互动的随机配比功能、个性化选人功能、学生匿名推荐功能、擂台选角功能等。通过这类技术小程序点名、提问既能提高效率还能缓解沉闷的课堂气氛，让学生更自然地接受"被点名"的环节，避免出现教师过于"针对"某一类型学生进行提问的现象，也让学生有随机

产生点名的客观"公平感"。还有的老师希望通过信息技术来增强自我本身知识运用的操作能力。部分老师在思政课教学上更倾向于理论知识的讲授，在具体学生操作能力的培养上存在弱化的现象，甚至也有部分老师采用理论讲授实践的误区，将实践教学简单地理解为实践的"课堂解读"。基于这个情况，可以利用虚拟教学系统的操作功能开展课堂活动设计。例如，某高校马克思主义学院上线了一款"模拟党史馆讲解员"的互动小程序。在讲解员选拔活动中，学生要根据课本某一章节的党史内容进行讲解词创作，讲解词的创造必须结合课本知识要点，重点阐述党史的事件过程、呈现的精神价值以及传承的时代路径等。学生将小组合作的讲解词上传虚拟仿真系统，由老师进行指导修改并在师生合作中形成最终版讲解词。在下一个阶段，学生将根据系统的角色进行扮演，通过系统自带的人工智能技术设计虚拟讲解员，系统通过一键生成"虚拟讲解员"并形成全过程的讲解录像视频。学生在这个活动中既能掌握党史知识、又能掌握虚拟讲解技巧，将理论知识与实践动手能力结合，在一定程度上解决了学生实践活动开展形式单一的问题。还有的思政课教师充分利用自己丰富的社会资源开展线上实践教学活动，借助云技术，通过视频连麦、召开云端会议的形式让学生近距离地体验和感受某一个知识在社会上的运用情况。并结合社会实践案例，让学生讨论、分析。例如，课题组成员在某地调研就观摩了一场"云上大师见面会"的思政大课。思政课教师在讲授工匠精神思政课时，就利用信息技术在网络上嵌入了一个访谈类互动环节，通过云端邀请工匠大师分享他们的成长故事，讲述他们在工匠精神传承上都有哪些心得体会，让学生在云端与大师面对面交流，并通过云端视频在线云游大师工作室的实时画面，近距离和大师工作室的成员交流，并利用模拟技术开展项目模拟操作，实现了大师云上访谈、项目云上操作功能的实现。

2. 使用效果的把握

2017 年 7 月 8 日，国务院印发了《新一代人工智能发展规划》，为加快人工智能的创新应用，提出了"智能教育"。在思政课信息教学的主导过程中，教师主体要对技术服务教学过程的效果进行预设，以契合技术教学、智能教学的"智"的效果。学生使用技术学习的效果把控很考验教师教学过程的掌控能力和信息技术的驾驭能力。一般而言，教师对信息技术服务教学的效果把控可从以下几方面去增强。

一是把控正向效果，弱化负向效果。教师在进行信息化教学的设计和实施前，都是对正向教学效果作出了预判，很少老师会去思考负向效果产生的问题。在教学实施中，我们认为有些技术手段在推进正向效果产生的同时，也会因为受教育主体的个体原因和群体不确定事情的发生诱导负向不良效果的产生。例如，信息化教学对学生情绪的影响，产生技术焦虑；技术互动的时间限定会打乱学生思考的节奏；学生互动思考成绩的集中排名展示会引发学生的隐私担忧等。根据上述可能产生的情况，思政课教师就要及时做好预判工作，通过反复分析和研究将可能出现的负面效果降到最低。人机协同意味着对教师提出更高要求，教师不仅要学人工智能、用人工智能，还应与人工智能一起学，构建"师－机－生"协同的教学共同体。

二是把控精准效果，减少泛化效果。在前面的章节内容中我们也提到了"精准教学"的内涵和要求，这里提到的精准效果从大类上也属于精准教学的内在要求，属于效果预设的前置把控内容。现在很多老师在技术服务教学的效果认识上还不够精准，对使用技术本身产生的何种效果没有精准到位的认识，导致在教学实施过程中对技术使用产生的效果没有作出回应和改进，而是泛化了技术服务教学的"大效果"，让效果只作为结果出现，而不加以归类和分析此效果是否是预期效果，是否达成了教学目标，是否契合了学生真正的学习需求。

三是注重学生对效果的反馈。学生对教师信息化教学的反馈往往能真实反映出学生的需求，也是教师改进信息化教学的重要参考依据。部分老师的教学实施过程存在教师单向度的教学形式，对教学效果的评价往往是基于自我主观的评价需要。科学的教学效果评价应该是开放多元而且是体现以学生为中心教学理念的评价。学生对教师采用技术呈现的效果的评价往往体现了教师是否对学生群体学情掌握的情况。在调研中，课题组在一次和师生进行交谈的会议上讨论这个话题，学生普遍认为教师使用信息化手段开展教学确实改变了传统课堂枯燥的形式，让课堂的气氛充满了技术的便捷性，在技术的加持下激发了学生对知识内容的探究兴趣。但是也有小部分学生表示了他们对教师使用技术开展教学存在的困扰，小部分教师往往过度地使用信息技术；教师为了片面地追求所谓的技术效果，营造现代化的教学氛围，间接上给学生带来了适应学习的困扰。主要体现在如下方面：其一是不同思政课程教师对教学技术软件的使用没有做到统一规范，不同教师要求学生下载的技术软件不一致，学生要熟悉和掌握的技术软件较多，难以适应。其二是技术过于复杂，操作过程不够简易，耽误时间等。其三是学生手机型号和功能不一致，在使用技术软件时，呈现的效果存在差异。所以，教师在开展信息化教学后，要通过和学生的沟通去进一步了解学生的真实看法。这样，教师才会有对效果评价和处理的基本思路，也能反映出学生对技术使用效果真实的想法和评价，对促进思政课教学精准教学效果的呈现是有益的。

3. 使用过程的把控

马尔库塞在其著作《单向度的人》中指出，在西方发达工业社会，技术理性在生产机构中得到了具体化，他认为："我们社会的突出之处是，在压倒一切的效率和日益提高的生活水准这双重基础上，依靠技术而不是恐怖来压服那些离心的社会力量。"思政课教师使用技术开展信息化教学要对实施过程进行把控。在把控的要素分析中，我们根据调研高校和部分优秀思政课教师的访谈中总结出了一些常规适用的经验。

一是使用过程的"路线图"把控。何谓路线图，这里所指的是教师在使用技术时要清楚的对技术的出场、转场、退场作出明晰的时间和位置节点的要求，这也是对前面涉及的精准教学、科学教学思维在实践上的投映。思政课教师在信息化教学实施过程中普遍感受到最难的就是技术的出场安排，他们在纠结技术的出场是在导入出场还是在知识讲授过程中穿插入场。其实这个问题并不需要纠结技术的使用节点而是需要深入地思考出场时间是否会对教学效果有相对的差别。事实上，我们只要抓住一个基本规律，适合在教学中能引起学生注意并激发学生极大学习兴趣，并产生良性互动效果的时间出场就是好的出场。在技术介入教学的实施"路线图"中要均衡分布技术出差和退场的时间节点，切勿在一个时间段内扎堆使用信息技术。会让学生感受到多样技术同时使用的混乱，也会产生学生感受上的"技术疲劳"现象，不利于下一步技术的出场。在制定路线图的时候要注重闭环处理，不能无限使用技术进行教学拓展和延伸，这不符合教学规律，也不是思政课课程教学的最终目的。

二是技术使用过程的更换终止把控。这里提到的使用过程的变更和终止涉及两个环节，第一就是要做技术备份，当某一项技术在实施过程中出现了不可控的情况下，要及时停止和清退，并使用备份技术手段，这是技术教学过程中风控的体现。第二就是常遇到的终止技术。教师在预先设计技术使用和达成效果时也会想到另外一种结果，就是技术在这个班级没有起到效果，学生群体对使用的技术没有积极感受的反馈。这种时候教师在课堂过程上就该巧妙地终止该项信息技术的运用，并控制好授课节奏，利用师生问答互动的形式进一步了解学生在该节课堂中对结束反映出的"特殊感受"并做出及时的课堂实施策略的调整。

三是注重技术过程的"边界感"把控。技术是一把双刃剑，教师使用技术开展教学时要注意技术的边界感，不能完全抛弃技术，也不能过度依赖技术，合理地使用技术作为信息化教学工作开展的基本遵循。课题组在某些学校听课的时候发现，部分教师一节课采用的信息技术过于复杂、过于多样，对学生是否喜爱和接受教师采用的技术形式没有准确地把握，师生与技术之间的边界感难以区分，导致学生参与教学的积极性不高，还有的学生担心技术对个体信息的过度收集，存在数据隐私方面的担忧，这些都是需要老师去思考和处理的客观现实问题。在处理技术与师生的"边界"问题时，教师可以进行"边界"测评和调研。通过设置问题的形式去了解学生对技术介入教学的"边界"的喜好分析，或者借助大数据系统形成班级的"边界"采样分析报告，以此更好地辅助开展课前教学设计。

三、思政课技术使用的统一标准及规范问题

"人们头脑中发生的这一思想过程，归根到底是由人们的物质生活条件决定的。"无规矩不成方圆，任何技术在思政课教学中的运用都需要建立一套科学合理的制度规范来进行高效运转和规范实施。就目前调研的现状而言，很多高校思政课信息化教学都处于探索上升阶段，真正按照标准化规范进行开展的并不是很多。在进一步调研中发现，部分高校存在一些共性的情况。一是信息化技术使用的监管不够规范，很多思政课教师并不是很明确使用技术开展教学的边界和规范；二是思政课教师使用技术开展教学没有统一的使用说明，也没有规范的备课制度，在技术使用上存在"随意"的倾向；还有的学校在思政课教学信息化教学管理上缺乏完善的制度建设，信息化教学仅依靠学校大类管理制度，缺少马院的细分规则。这些问题的产生对马院管理思政课信息化教学，对思政课教师驾驭信息化技术开展教学都产生了"现实挑战"。基于此，我们可以把这个问题进行深入地细分。从制度及规范的重要性去增强管理者的意识，从制定思政课信息化教学的细分要求去进一步研究该项工作应该从哪几个着力点入手解决，最后从制度及规范的实施管理和监督角度看在实践过程中存在哪些可以继续优化的空间。

1. 思政课信息化教学管理制度及规范建设的重要性

目前，国家对思政课教学管理的相关制度已经非常完备。从纵向管理体系上看，教育部到各省各市，再到学校层面，各个层面管理部门对思政课都是高度重视，也陆续出台和实施很多思政课教学改革创新的制度及规范。但是专门针对思政课信息化教学的管理规定还不多，主要散落在其他重要制度之中，并作为其中一个环节进行规定。对于思政课信息化教学制度即及规范建设的重要性及意义可从以下几方面去理解和把握。首先，信息化教学的制度及规范可以为教师积极使用信息化技术开展教学提供政策依据和保障。健全的信息化教学制度既会涉及促进教师使用信息化手段开展教学的激励机制，也会涉及对教师使用信息化技术开展教学的培训及培养工作。也就是说，思政课信息化教学管理制度及规范建设能为思政课教师积极使用信息化技术，安心使用信息化技术开展教学提供制度保障。其次，可以为思政课教师开展信息化教学提供规范性意见的指导。在前面内容中，我们也提到了思政课教师信息化教学能力存在个体差异，既不利于整个思政课教师队伍信

息素养和能力的整体提升，也不利于构建具有现代信息素养的思政课教师队伍。马院通过制定信息化教学管理制度及规范建设，可以为思政课教师开展信息化教学提供充分的指导意见，并通过细分内容来规范和引导思政课教师正确科学地开展信息化教学，达到育人效果。最后，要体现思政课教学管理的科学性。思政课是立德树人的关键课程，是高校思想政治教育的课堂渠道，对思政课教学管理不仅从大方向进行把控，还需要落实落细到每一个教学的育人环节。思政课教学和其他课程教学一样都需要科学地管理，而从制度和规范上促进思政课信息化教学的发展就是其科学性的一种体现。思政课信息化教学管理制度的科学性体现在如下方面。一是信息化教学管理制度本身的适用性要科学，能够为思政课信息化教学提供适用保障；二是信息化教学管理制度本身要和学校其他教学管理制度相适应，体现学校各制度之间的连贯性和协同性；三是信息化教学管理制度预留的调整区间要适合教学实际需要的变化。

2.制定思政课信息化教学规范标准的着力点

思政课信息化教学规范的制定需要考虑的环节和要素较多，特别是思政课信息化教学规范应该涉及哪些要素，如何科学制定信息化教学规范标准，对于这些问题的阐释只有充分认识和了解思政课信息化教学应该具备的规范标准要素，才能精准的指导信息化教学规范的制定及实施。

其一，思政课信息化教学规范标准应涉及的内容要素。思政课信息化教学规范标准制定涉及的要素很多，基本要素应该包括信息化教学实施主体的行为规范要素；信息化教学实施的管理者行为规范；信息化教学实施的准备规范；信息化教学实施过程的细则和要求；信息化教学实施结果呈现的评价维度和评价规范等，涵盖整个信息化教学的起点、中点、终点，形成一个闭环区间。在这个区间范围内，所有核心要素必须清楚地罗列，并细分到诸如要素的占有比例，开展形式的规定等内容。在信息化教学常规要素的确定之外，还要针对本校思政课实际情况而增加的特定规范要素，例如，高校之间的专业特色不一样，在信息化教学规范建设中要注重和本校专业学科特色相结合，融入"大思政课"要素，或者融入课程思政要素等，体现思政课信息化教学形式的同一性与具体实施过程体现的特色及要素的多样性。

其二，发挥教研室主任或者学科带头人的团队核心管理作用。思政课信息化教学需要团队力量的参与以及骨干人才的管理支撑。信息化教学制度的出台需要具体分工的人员去落实，其中很关键的环节就是充分发挥教研室主任或者学科带头人的核心管理作用。在高校思政课信息化教学调研时，课题组发现很多学校思政课信息化教学做的好的共性原因是搭建了一支老中青结合、支撑结构合理，专业分布均衡的信息化教学队伍，其中起到核心支撑力的都是教研室主任或者骨干带头人。诚然，通过搭建教学及管理团队的形式将庞大而复杂的信息化教学任务细分为多个子任务，每一个子任务也会有相应的课程团队去负责管理。特别是在思政课信息化教学推广和运用阶段，团队效力就特别明显出其人力优势。例如，思政课信息化技术的使用标准实施方法的制定；思政课信息化技术的使用培训、思政课优质信息化技术推广和运用的策划和活动的实施等都需要团队的力量去开展和完成。基于此，要评估一个高校思政课信息化教学整体水平和实力可以通过评估关键少数群体在思政课信息化教学中的管理水平和能力，也就是看学科带头人或者教研室主任在思政课信息化教学这方面的管理水平及整个团队运行的效果。

其三，思政课信息化教学应对各类问题的应急预案处理。思政课信息化教学在实施过程中会不断遇到各类问题。遇到新问题是常态，关键是如何快速处理和解决遇到的问题，处理信息化教学存在的问题不仅依靠教师主体本身具备的教学经验还需要有完备的思政课信息化教学问题处置应急预案。应急预案制度制定的相关考虑包括但不限于如下内容：思政课教师在开展信息化教学中发生教学事故怎么处理；思政课教师开展信息化教学是否需要抽查和检验；思政课教师信息化教学对学生产生的负面影响如何监督和评估；信息化教学涉及师生隐私信息，如果发生个体隐私泄露该怎么处理等，对于这一连串的问题的处理都是需要一个完整详细的信息化教学应急事故处理预安或制度作为处理思政课信息化教学出现相关问题依据和支撑。在预案制定中要明确信息化教学团队成员的分工及责任，特别是负责把控整个预案实施的核心成员；还要明确信息化教学具体实施开展所需要的设备、资源、人力、技术支持、后台服务等要素。对信息化教学出现的问题要按照类型和等级进行划分，根据不同类型和等级来匹配处理方案和处理实施的具体流程。此外，还要对思政课信息化教学使用的技术手段和数字资源做到统一备案，并给每一项信息技术做规范性档案。档案里要涉及技术本身的年份、技术属性、技术使用说明、技术服务团队联系方式、技术产生的相关负面影响清单、技术使用负责人信息、技术使用年度报告等。通过对每一项技术全方位的信息记录，方便管理者在遇到技术服务问题、信息化教学事故，或者教学产生其他不良影响的时候，可以根据信息技术的档案进行有效追溯和排查。只有将信息化教学过程的规范性管理工作做细做实，才能充分地挖掘信息技术服务思政课教学的潜能，规避其存在的技术风险及负面隐忧，并将风险控制在有效区间内。

3.信息化教学规范标准实施的监督和管理

思政课信息化教学有了制度建设、标准出台，剩下最关键的部分就是对出台的规范标准的实施进行监督和管理。缺少这个环节，那制定出来的任何政策和标准都没有办法发挥其制度优势。对教师信息化教学实施过程进行监督并不是要限制教师正常的教学活动，而是为了更好地在信息化教学实施过程中发现问题，解决问题，为教师信息化教学能力的提升保驾护航。课题组成员也对部分高校思政课信息化教学的监督管理进行了调研，大部分学校还是依托了学校教学督导团队的力量开展思政课教师信息化教学的督查工作，一来可以解决督导成员不足的问题；二来也是结合教师教学能力综合大类的指标开展的督查，毕竟信息化教学能力只是其中的一个子项目，很多学校不会单独组建一个学校层面的思政课信息化教学专门督导团队。还有的马院会根据实际情况安排高级职称的教师组成马院内部的教学质量监督团队，负责对教师信息化教学进行过程督导。在督导过程实施上，有的学校会专门要求督导成员对教师信息化教学的开展过程和效果做专业辅导，增强督导人员工作的实效性，也让教师在课后能够真实地收到督导对自己课堂信息化教学真实意见和建议，为下一步增强思政课教师信息化教学综合能力提供改进依据。

在对思政课信息化教学实施的监督和管理中，还有的高校将该项工作和教师绩效以及业绩考核挂钩。这样做的初衷是为了让思政课教师在教学中注重信息化教学手段的应用，跟上教学技术发展的时代步伐，也是对现代学生数字学习习惯的一种教学适应。但在具体的实施操作中，政策制定者及实施者还要注重将其作为考核任务的类型差异，在关键考核指标的设置、考核任务的实施等环节要注重对教师信息化教学能力素养的成长性评价，也要对不同年龄段、不同教龄的教师的差异化考核，以免产生考核的一刀切和考核存在片面性的情况，削弱了教师信息化教学的积极性和主动性。

第三节　信息化教学对学生学习的挑战

"技术价值只能是技术对人的价值，只能是相对于人的益处和害处而言。"思政课信息化教学要从现实的人出发去考虑其影响要素，不仅要考虑教师群体教学能力的提升和对信息技术的实用性考察，还要从学生的主体发展和接受层面去考量信息化技术在教学中给学生带来的心理压力和对学生原有学习习惯的改变。学生面对信息化教学可能会存在较为多样的情绪表达和行为差异，思政课教师要多关注学生对教师采用信息化教学所表现出来了显性特征或者隐蔽特征。从学生角度去看待思政课信息化教学存在的困难和挑战，是我们把握信息化教学效果的基础。按照学生对教学接受的一般规律，可以从学生接受、学生适应、学生受益三个维度进行分析。

一、学生是否真心喜爱和接受

思政课要让学生真正信服，既需要用马克思主义理论去武装大学生的头脑，让学生产生对马克思主义理论信仰的意识，也要重视利用技术手段让课堂教学更加丰富多样，让学生真心喜爱。学界对思政课信息化教学的效果论证大部分是从教师的角度和技术本身合理性的角度去思考，也有小部分的学者从学生的角度去思考学生是否真心喜爱信息化教学这种形式。例如，从学生角度去论证学生是否对信息化教学存在抵触心理；如果有，其产生的原因何在；又可以通过什么方式方法去调适学生对信息化教学产生的抵触心理，让信息技术在服务学生学习上产生更多的积极能量。

1. 学生对思政课信息化教学的主流观点

课题组通过对大学生的问卷调查和对部分思政课教师的访谈，大体上得出学生对思政课信息化教学所反映出的喜好及认同的观点和我们预期的结果还是具有高度的一致性。大部分学生对思政课教师采用信息化技术开展教学都持有积极地接受态度。部分学生认为信息技术在课堂教学中的运用，可以让课堂变得更加生动有趣，契合时代发展的趋势。还有的学生表示，信息化教学就是对时代技术的拥抱，是体现教师教学能力现代性的重要特征，如果一个老师的教学还是停留在传统的黑板及粉笔形式的授课模式上，会让学生感觉与他们所处的时代格格不入，甚至会对老师的教学能力产生怀疑，影响学生对教师的教学评价。还有小部分的同学也反映出了部分思政课教师在使用信息技术开展教学时的担忧。他们指出，部分老师在使用信息技术手段上存在单一性，使用某些技术手段的频率过高，学生对其产生了"厌烦"心理；还有的老师采用的技术过于复杂，要求学生下载和使用的教学工具软件占用手机或电脑存储空间或者使用期间占用的流量过多等。这些教学的细节问题都成为学生对于教师使用技术开展教学时表达的客观评价。还有学生反映，极个别老师使用信息技术开展教学时存在"偷懒"倾向，课堂教学过程中，大量使用在线视频类资源替代教师本身重难点知识的讲解；还有部分老师布置的实践作业太富有"技术含量"，以至于学生在完成作业之前就得花大量的时间和精力去理解和掌握这项技术的使用，最终学生的精力都消耗在如何使用技术上，而不是将精力放在打磨作业内容本身。以上这些问题都是学生对思政课教师信息化教学过程中真实反映出的问题，如果思政课教师不对此作出教学策略的改变及信息技术使用形式上的调整，必然消解学生对信息化教学的学习兴趣，进而影响学生对思政课教师信息化教学效果的看法。

2. 学生对信息化教学的理解不够深刻

就目前思政课信息化教学的实际情况看，学生在信息化教学中往往处于相对"被动"的位置，部分学生只是从"接受"的角度去看待老师使用的信息化手段，学生对信息化教学的基本要求和自我的参与状态没有充分地认识，教师也缺少进一步去了解技术和掌握技术的主动性，导致在信息化教学过程中，教师和学生在信息化教学中的技术理念、技术手段、技术思维拓展上存在"分歧"的状态，这样的状态会进一步加剧信息化教学潜在矛盾的衍生。例如，数字化学习相较于传统的教室环境而言，学习过程存在潜在被干扰的风险，若采取在线教学模式，师生双方空间上相互分离，教学互动缺少较为封闭的集体场所，教师的监督难度加大，学生容易集体性地失去持续专注的能力。而专注是影响教师专业发展与学生学业发展的关键因素，数字化学习可能导致学习的注意力失焦。如果从深层次原因去分析这些问题，可以先从学生对信息化教学的理解上去探究，大部分学生相对于教师而言，学生本身对信息化教学是不了解的。

事实上，在信息化教学过程中教师是课程教学的主导，是对整个教学过程中教学信息化手段的主要使用和把控者，相反，学生处于相对"被接受"的状态。也就是说，学生本身对教师开展的教学信息化手段和理念是不了解的，导致学生在配合教师教学过程中产生不顺畅的状态，这也是为什么在教学过程中，会存在学生排斥信息化教学，或者对信息化教学没有足够的热情。还有的学生对信息化教学的理解仅从形式上去看待，认为教师信息化教学只是为了从形式上去营造热闹有趣的教学环境，学生并不会从思想政治教育环境论的角度去理解技术营造的环境对教学实施效果的影响。学生只是从感官上的感受去判断教师信息化教学的好与坏，而非从科学的教育理念和教学行为去作出合理的判断。

3. 学生对信息化教学存在盲从接受的现象

部分学生在信息化教学过程中表现出一种盲从的现象。例如，学生对信息技术趋之若鹜，对技术有强烈的依赖感，在教学过程中表现出"唯技术"的现象。"本是工具与手段的科学技术成了目的本身，而本应是目的的人沦落为机器与齿轮。""05后"大学生生活在信息爆炸、技术飞速变化的新时代，大学生的生活环境或多或少地带着信息技术的时代烙印，这是客观环境在学生学习特性上的投射。在这样的环境之下，部分学生对信息技术有着盲从的心态，对技术的使用存在"放大化"的随意心态。其中表现为对教师采用的信息技术加以追捧，以追求形式上的新意，甚至觉得教师传统讲授式教学太枯燥，用信息技术可以缓解课程教学中的"无聊"，可以用技术打发时间，用技术获得教学享乐。其次，在完成课程作业时，信息技术手段成为学生快速完成作业的助推器，个别学生利用网络搜索功能复制粘贴作业；或者使用类似 IA 数字技术完成合成作业；还有的同学在完成视频类作业时，只追求技术效果的酷炫，不注重内容的精细打磨，最终呈现的作业是技术强，内容弱等。

二、学生是否从信息化教学中受益

习近平总书记在中共中央政治局第五次集体学习时指出："教育数字化是我国开辟教育发展新赛道和塑造教育发展新优势的重要突破口。"思政课教师使用信息化技术开展教学本身就是一次"教学革命"，信息化教学在客观上提高教师和学生的信息化素养和能力。教育是培养人的事业，是对学生能力的全方位提升的工作。世界著名教育学家扬·阿姆斯·夸美纽斯曾经说过："只有受过一种合适的教育之后，人才能成为一个人。"对学生而言，参与信息化教学也是对本身一次信息化能力提升和进阶的过程，是增强人的现代技术性的途径之一。信息技术与教学的深度融合，其中很关键的部分就是提高学生的信息技术素养和推进学生运用技术分析和解决学习过程存在问题的能力。对于学生而言，这也是未来自我职业发展中重要的竞争能力的体现。

1. 提升学生的数字素养

在日常的教学中，"数字素养"这个词经常出现。思政课教师在信息技术发展的视域下，通过信息化教学的实施过程间接地推进学生数字素养的提升。那何谓数字素养？中央网络安全和信息化委员会提出，数字素养与技能是："数字社会公民学习工作生活应具备的数字获取、制作、使用、评价、交互、分享、创新、安全保障、伦理道德等一系列素质与能力的结合。"通过数字素养定义可以看出，数字素养涵盖的内容和范围较宽泛，是一项综合素养。特别是里面提到的数字伦理道德这一模块，是很多老师和学生容易忽略的知识盲点。譬如，信息化教学过程中涉及到数据安全问题、数据隐私问题、数字伦理问题等，这些都是技术发展之后，技术服务教学过程中产生的道德伦理与法律的问题。

2021 年 11 月，联合国教科文组织通过了《人工智能伦理问题建议书》，这是首份涉及人工智能伦理标准的全球性协议。该协议包含人工智能发展的规范以及相关应用领域的政策建议，目的是最大程度发挥人工智能的优势并降低其给人类带来的技术风险。思政课信息化教学采用大量数字技术、信息化手段开展教学，要防范技术主导逻辑在教学实施中的失序和失范现象，构建师生本位，技术辅位的工具理性和价值理性相结合的逻辑思维，引导师生遵循信息技术发展的伦理规范，遵守数字空间中人与人之间的道德关系，在虚拟世界营造数字使用的基本行为规范，营造数字空间的正能量。所以，思政课教师在使用信息技术提高课程内容教学实效性的同时，也需要潜移默化向学生传递数字素养的相关内容，帮助学生合理地看待技术、使用技术、处理由技术引发的道德与法律问题，营造和谐的数字技术文化空间。

2. 扩大学生的技术视野

数字时代的教育需要加强数字技术应用的先导性，充分合理使用数字化手段促进学生个性化学习，满足不同学生的学习需求，提升学习效果。但是，教育数字化不能仅停留于对教育内容呈现、传播、存储、检索、统计等方式的优化，或是对传统教育的局部进行表面形式上的改善，而是要实现"更新教育理念，变革教育模式"的教育深层改变。高校思政课信息化教学的发展并不比其他专业课信息化教学要慢，在走访调研的高校里，思政课信息化教学改革正在掀起一股浪潮。数字马院、数字思政、智慧思政平台、思政课慕课等已经成为思政课教学中常见的形式。例如，2018 年 1 月，全国首家"数字马院"示范基地在北京科技大学揭牌成立，建设覆盖范围广泛的思想政治理论课综合性信息化平台，助力思政课堂革命，助力思政教师发展，助力广大学生成长。"数字马院"联盟于 2020 年 7 月由北京科技大学、南开大学、南京大学、西安交通大学、东北师范大学、福建师范大学等高校联合发起，旨在实现全国高校马院数字化建设理论研究成果及实践经验的分享，推动高校思政课数字化建设的理论创新和实践创新，截至目前，已经有 430 余家本专科院校为会员单位。数字马院、数字思政课的发展不仅打开了思政课老师运用技术开展教学的格局，学生也因此扩大了技术享用的视野，对教师、对学生而言都是有益的探索与尝试。通过经常性使用信息技术开展课堂教学，学生的技术思维和技术视野被打开，在以后的学业深造和工作中，能够很快地适应技术环境的变化，这也是一种潜在的现代性能力的培养。例如，在未来工作中，学生可以快速地使用简单的技术开展工作各项数据的分析；可以使用智能技术建构企业需要的企业文化；可以快速适应企业数字工作模式等，这些看似简单的信息技术能力需要从学生时代就有意识的对其进行培养。

部分思政课教师在准备课程教学时会让学生利用互联网技术去收集国内外课程知识素材，例如，中国与西方在价值观教育上存在的异同；西方社会思潮存在的问题；美国对全球进行霸权主义和强权政治的案例等，学生通过信息技术从国际网站去关注国外的时政热点，收集上课使用的案例素材。学生在网络"冲浪"中快速地获取相对应的知识素材，从全球庞大多样的知识储量中整理自己需要的学习资源，本身也是学生卓越思维和能力在技术使用上的体现。部分学生关注美国 Edx、Coursera 与 Udacity 三大慕课平台，通过国外慕课平台去了解中西方的教育的不同、看待价值问题存在的差异，去研究中外德育的相关问题等。基于此，学生使用技术服务思政课内容自学的思维视野在不断扩大，反过来确证了信息化教学不仅对教师本身教学能力是一种提高，也会对学生的信息化自学能力产生助推力。

3. 提高学生数字技术运用能力

思想政治教育治理是："一个不断运行、循环往复的过程，是实践创新、理论创新与制度创新不断相互促进、运用反馈、自我完善的过程。"思政课教学是思想政治教育治理的重要组成部分。思政课教学不仅要将思政知识传递给学生，还要让学生在坚定理想信念的同时，学会用信息技术去辅助理论学习，利用信息技术将学到的知识运用到具体的实践中。信息化教学过程不仅有教师的这种活动，更有学生利用信息技术手段主动搜集、加工和整理信息的活动。学生的这种活动在现代教学中将变得越来越重要。所以，信息化教学过程不仅体现教学活动的主要特征——传递知识和技能，更体现了学习者对教育信息的主动探求、加工和应用，这是信息时代对人提出的基本要求。对于学生而言，这些能力的培养是对未来终身学习能力搭建的基础，使得学生从思政课的理论内容的掌握走向思政课受益终身的未来学习，给学生的成长提供了广阔的空间。特别是新一代人工智能技术的迅猛发展，思政课信息化教学不再局限于 PPT 教学、智慧课堂教学等基础性的信息手段，跟上数字时代发展，掌握和利用最新的技术服务师生教学将是趋势。从走访中发现，部分学校的学生开始利用时下最火的 Chat GPT 去开展思政课实践活动，充分利用其近乎于人脑的推理演算功能去生成各种思政内容，并在实践中运用。其中包括完成思政学习活动的创意脚本，增强实践任务的科技感等，Chat GPT 的出现再一次重构了人与机器的关系，带来了新目标和新思维，可以通过人机之间的"双向奔赴"，实现"双向超越"目标，促进思维由替代走向共生。

毛泽东同志在《人的正确思想是从哪里来的？》中指出："人的正确思想是从哪里来的？是从天上掉下来的吗？不是。是自己头脑里固有的吗？不是，人的正确思想，只能从社会实践中来。"对信息化教学存在的风险的正确理解要从实践中去确证。思政课教师在引导学生利用新技术去服务思政教学任务的同时，也要提醒学生规避技术风险，认清技术构建的逻辑隐忧，让技术服务学习，而不是"控制学习"。这里就需要发挥思政课教师的主导作用。例如，建构学生为主体的技术责任空间，设计和实施利于学生技术责任发挥的教学活动；从学生对技术的有限认识中促进学生与技术良性发展的成长学习力和运用力的生成，真正培养数字时代学生应该具备的技术使用能力。

三、学生如何适应信息化教学形式

"教育研究与实践的过程是一个持续转型的过程，教育的数字化转型，既要保持转型后的系统韧性，也要有利于推动教育的高质量发展，还应当有利于创新教育生态。"对于技术发展的趋势，不管是教师还是学生都不可能逆向成长，只能在适应技术时代的前提下提高自己的成长"韧性"，提高自己适应技术生态的能力，这才是基于信息教学背景下，学生信息技术适应教育的逻辑起点。

1. 主动融入的适应，提升学生学习的主体适应力

马克思在 1844 年经济学哲学手稿提道："动物和自己的生命活动是直接同一的。动物不把自己同自己的生命活动区别开来。它就是自己的生命活动。人则使自己的生命活动本身变成自己意志的和自己意识的对象。他具有有意识的生命活动。这不是人与之直接融为一体的那种规定性。有意识的生命活动把人同动物的生命活动直接区别开来。"马克思主义既是思政课教学的指导思想，也是重要的理论学习内容。面对技术革命，教师和学生都要学会适应发展，从马克思经典著作中可以了解，人之所以能不断地进化发展，是因为人具有主观能动性，从而具有不断学习并适应环境的发展能力，这是人向前发展，适应现代发展的重要内驱力，也是人和动物之间的重要区别。面对教学环境的技术性变化，学生只有从适应技术教学出发，调整学习的方式和策略，增强技术使用的能力，架构起信息技术的自我能力体系，只有这样才能积极地应对技术给自己带来的冲击并消解由此引发的"数字焦虑"。另外，思政课信息化教学利用数字空间的多层性，为学生体验多空间教学打开了新的"世界"，一是借助数字孪生、元宇宙等新技术模拟现实中存在或者不存在的场景，让学生在虚实结合的环境中跨时空体验不同的时代场景，以此代入知识学习的氛围。二是具有动感、时尚的互动体验，让人机交互对话成为智能学习的普遍形式。基于此，学生要适应数字时代教学的新变化，适应思政课信息化教学的多维空间，从适应中获取学习的主动性。最后，学生群体主动融入思政课信息化教学不是盲目地直接套用信息技术开展学习活动，而是基于积极主动的心态找准课程教学中信息技术的切入点，实现人机交往的和谐共生。其表现为：一是思维上能够接受信息化教学的创新模式，顺应信息化教学的开展思路，适应技术给教育带来的环境变化；二是心态情绪上能体验信息化教学的乐趣，在参与信息化教学中体验到技术带来的乐趣，并由此产生学习上的愉悦感；三是情感上能够认同信息化教学带来的价值体验，事实上就是我们常说的知情意信行的情感—行为发展模式。当学生完成了从知到行的积极心态转变，才能真正意义上说学生是主动地面向信息化教

学，并主动地适应其发展。

2.借助力量的适应，以数字力量拓展学生主体能量

"当前的人工智能技术，已不再是仅仅可以解放人类体力劳动和延伸人的四肢，而是能够替代并超越人类一般的智力活动。"信息化教学、智能化教学以其技术的先进性，形式变化的多样性，效果呈现的高效率彻底颠覆了传统教学模式，给学生带来新的课堂革命。然而技术的发展也给学生带来了学习焦虑，从技术教育学的角度看，技术的创造能量越大，人的自我能力发挥的空间越受到限制，产生技术替代人的"错觉"。但是从客观事实看，技术的创新发展本质上是人的创新发展，技术是由客观真实的人创造出来，人赋予技术"生命"，技术的发展从根本上讲也由人去限制和控制。思政课信息教学本身就是人在实现育人结果上使用了技术媒介的力量去高效地达成育人预期的目标，那必然也会引发学生的学习过程性焦虑，在适应新技术的过程中对技术的难以驾驭，对技术服务教学的不理解都会让学生产生焦虑心理。特别是数字化竞争、数字信息使用和交往的不对称性、数字密度和承载量过大、数字使用内卷等都会加剧人在数字生活或者学习领域的数字焦虑，其本质体现的是人的主体身心被数字技术牵绊、被算法规则牵引、被数据分析揣度等。马克思曾指出："大工业使我们学会，为了技术上的目的，把几乎到处都可以造成的分子运动转变为物体运动，这样大工业在很大程度上使工业生产摆脱了地方的局限性。"所以，为学生提供信息化教学，要引导学生借助技术的力量去达成学习目标，实现个体成长，而不是将个体与技术对立，产生相互逆反的排斥状态。在思政课教学和实践中，很多学生借助技术的创造能力完成新颖性实践作品；也有的同学借助技术的开放性，获取海量的知识；还有的学生借助技术的未来趋势，构建学习新模式等，这些才是思政课信息化教学给学生带来的创新改变。

3.面向未来的适应，增强学生现代技术思维的能力

"人的现代化包括人的价值观念、思想道德、知识结构、工作和生活方式由传统性向现代性的转变。"信息技术的发展是现代的、未来的发展，带有对人的主体性消解的不确定性。思政课信息化教学属于信息化教学的其中一个类型，必然带有信息化教学发展的全部要素。这里所阐述的面向未来的适应主要是针对锻造学生认知思维的未来性，学生使用技术产生的能力的未来性，驾驭能力促使技术良性推动学生成长的未来性等。但现实教学中，信息技术对人能力的成长未来性是有反噬作用的，有学者就提出："人们对人工智能及其衍生品过度依赖的直接后果之一就是导致人自身能力的退化。"面对信息技术的"超强力"，学生也会逐步地依赖信息技术的"魔力"，逐渐用技术思维代替人的"主动思维"。

在技术面前，人的想象力和创造性思维形成的时间不断被压缩，以至于最坏的结果就是直接成为技术的"奴隶"，人表现出来的"减少想象、不加思考、复制粘贴"的行为越来越常见，不计后果地使用技术产生的结果来替代个体的思维和努力。思政课教学中布置的任务，学生可以借助人工智能手段一分钟完成；面对各种理论知识的学习要求，学生享受技术带来的"速食快餐"，在快中完成任务，在快中解决学习问题。看似减轻了学生的负担，实现了学生学习自由，但深入分析和探究还是会引起老师的担忧，担心对技术过度"解放"学生学习压力从而产生新的现实畸变。

从马克思主义关于人自由而全面发展理论看，思政课教师更应该看到技术驾驭之上，技术对人全面性的消解。为了培养自由全面的学生，必须注重加强学生借助技术学习的主体性培育，增强学生在信息化教学中的个体独立性、个体创造性、个体适应性。实现这一的目标可从以下方面去努力，一是面向未来的视野提升学生的技术素养，充分学习和掌握各种信息技术手段，借鉴技术思维，以此增强自我主体的逻辑能力；二是注重培养学生驾驭技术的主体能力，增强学生技术思辨能力，认清人与技术的相处关系，正确看待数字时代，成长环境的变化；三是注重信息化教学的数字人文关怀，除了增强学生使用技术的理性思维、逻辑思维、算法思维外，要多关注学生在信息化教学过程中的情感、意志和价值观的表现，超越技术的冷漠，避免教学场域成为被技术挟持的统治场域。英格尔斯指出"人的现代化是个人从传统性到现代性的改变"，在马克思看来，人与人的交往体现了社会属性，"人的本质是一些社会关系的总和。"在教育领域，师生的交往不仅是单向度的知识传递，更多的是关系、情感交往的过程，体现人的社会属性及现代发展的属性。随着以虚拟仿真为代表的教育技术的介入，人与技术的关系出现了时间与空间的背离，"空间上的邻近，对须保持亲密的社会关系来说，不再是必要的……社会关系的远近与情感上的亲密与否，跟空间距离已经毫无关联。"这样的现象并非偶然发生，极有可能因技术工具的过度依赖后表现出的人与人之间教育情感背离的常态。作为教育主体的参与者，人具有交往能力、共情能力、辨析能力，这是技术可以模仿但无法超越的现实的人的能力，进而只能作为辅助性工具发展其技术客体的功能。

从早期工业革命到智能技术迭代升级的当下，"人与机器关系"，"人与技术关系"无一例外都对人与人的关系产生了消解风险。在虚拟仿真技术融入大学生党史学习教育过程中，要警惕技术凌驾于实施教育的主体人的地位之上，否则容易陷入"工具人"的窘境。在具体的实践认识上，技术的迭代更新会影响教师对教学过程实施效果的正确判断，部分主导者在归因分析中错误的认为技术的更新可以解决思政课信息化教学存在的新问题，以技术的思维逻辑取代人的主动性发展逻辑，技术信任偏向明显。对于高校而言，对大学生进行思政教学需要合理的使用技术，做好"技术定位"，认清技术的适用性的同时也要明晰其技术风险和局限性，特别是认识到："技术的应用越广泛，技术的宰制就会越深重，在技术的运作图景中，人的主体性开始模糊。"总而言之，思政课信息化教学和其他学科一样，首要任务是培养人，在培养人的过程中借助技术的力量让人的成长更具现代性，增强学生面向未来技术发展的现实适应性。

第四章

高校思政课信息化教学存在的问题、特征及原因分析

第一节　思政课信息化教学存在的突出问题

教育信息化作为国家信息化的战略重点，越来越受到各级政府、教育行政主管部门和高等院校的重视。积极响应国家教育信息化有关政策推动信息化融入教育教学已成为各高校新一轮教学改革的热点。高校思政课的改革发展也迎来了前所未有的机遇和动力，提高高校思政课教学信息化水平成为当前高校落实立德树人根本任务的重要一环。在思政课教学信息化探索和建设的过程中，影响和制约信息化技术融入教育教学的因素普遍存在，各高校教育信息化建设水平参差不齐，存在问题与困难。

一、思政课信息化教学平台建设滞后

《教育部思想政治工作司 2023 年工作要点》指出："要坚持边建边用边完善，提高相关数字化平台建设、运行、服务质量。"信息化教学平台建设是开展好思政课信息化教学的前提基础和重要保障。目前，有些高校在信息化教学平台的建设方面投入较少的人力、物力、财力，思政课信息化教学平台的建设总体来说较为滞后。

1.信息化教学平台建设不完善，缺乏规划性

从平台的功能性来看，运用信息化教学平台解决思政课教学难点和堵点，不断推动思政课取得良好的教学效果，是高校思政课信息化教学平台功能得到有效发挥的重要环节。有些高校建设的信息化教学平台的功能不够完善，未能充分满足教师上传教学资源、线上教学互动、发布作业、在线评价和学生下载教学资源、线上答题讨论、完成课后任务等多样性需求，利用平台突破思政课教学理论性强的难点和实践教学难的堵点效果欠缺，平台应有的打破教学时空限制的优势未能充分发挥。从平台的个性化建设来看，每个高校都有

其独特的办学风格、教育理念和文化环境，但高校的信息化教学平台建设却忽略了学校的实际情况，呈现出千篇一律的特征。高校信息化教学平台较少根据学校实际情况和针对不同专业的思政课教学需求进行个性化定制和建设。有些高校建立的思政课教学平台没有从本校师生实际出发，平台数据软件和教学资源包往往是统一购买使用的，难以满足本校的实际情况和师生教学的需求。从平台的后期维护来看，信息化教学平台的建设是一个长期的过程，需要持续迭代和更新维护，以维持平台的稳定性与兼容性。高校在对教学平台定期评估和使用效果升级改进方面存在不足，在保证平台的稳定运行和解决各种故障问题方面有待改进。此外，平台的建设还需要注意防止信息泄露和滥用的问题，高校对于师生的个人信息、学习数据、学习评价等隐私的保护性和安全性方面需要加强，未建立相应的平台维护和管理制度。

2. 信息化教学平台联动不够，缺乏整体性

"大思政"背景下，尽可能挖掘有"思政价值"的教育元素都参与到学生的思想政治教育中来。目前，许多高校已建设有智慧教室、虚拟仿真中心、360°沉浸式爱国主义教育馆等实体教学平台，购买了超星学习通、雨课堂、智慧树等线上教学资源和平台的服务，同时还搭建了服务于学生日常教育管理的易班工作站、一站式学生社区、学工部公众号等平台，当平台多、系统多、功能多、流程多、数据多时，就失去了发挥有效作用的价值。实体教学平台为思政课信息化教学提供了硬件基础和支持，借助物联网、云计算、AI智能和虚拟仿真技术为师生带来智能化、交互式、沉浸式的教学体验。线上教学平台用先进的教育信息化技术为不仅思政课信息化教学创造了线上线下开展混合式教学活动的条件，还为师生提供了丰富和优质的数字教学资源。学生教育管理平台记录了学生基本信息、学习情况、活动情况和需求反馈等信息，大数据资源丰富，是潜在的思政课教学资源。以上三种平台在信息化教学实践中各有优势，如对平台进行整合联动，可推动思政课信息化教学高质量发展。但目前来看，多数高校信息化平台建设常常各取所需，"各自为政"，各个平台只是独立的使用，平台间缺少有效联动，数据缺乏共享和整合，大数据缺乏整体性，无形中造成了教育资源的闲置和浪费。有教育价值的数据难以获取用来为思政课教学服务，阻碍了思政教师进行学情分析、教学设计、开展教学活动和教学评价所依赖的大数据获取，思政课信息化教学效果未达到应有效果。高校信息化教学平台资源需要整合与优化，形成立体化网络思想政治教育平台矩阵，提高教学资源配置的科学性、系统性和整体性，减少教学资源的闲置和浪费，以达到教学资源优势得到最大发挥的效果。

3.信息化教学资源开发不足，缺乏实效性

信息化教学平台建设的另一个重要方面是教学资源的建设。高校思政课信息化教学需要建立与思政课程配套和丰富的成体系的教学资源库，包括教学视频音频、网络课程、AR/VR虚拟仿真资源、数字教材以及各种多媒体资源等。目前，高校思政课信息化教学资源匮乏，思政课教学资源的质量和数量不能满足师生分众化、个性化、多样化的教学需求。从资源开发力度来看，有些高校思政课教师较难胜任艰巨的教学资源开发任务，通常通过统一购买教学课件、动画、视频等资源为思政教师备课、学生自主学习提供支持。有些高校自主开发了思政课教学资源，仅是简单的针对部分重点章节内容制作PPT、微课或慕课，较少制作微电影、短视频等教学资源，产出的教学资源质量不高、数量较少，呈现出零碎、不系统的特性。高校教学资源的开发存在困难，无法满足思政课师生教与学的需求，影响了思政课信息化教学实效性。从资源开发特色来看，有些高校基于地方、学校特色和课程专业特色，建设在线示范课程、制作微电影和短视频等教学资源较少，供给各专业学生的个性化学习的教学资源缺乏。有些高校思政教师对思政课重点教学内容的教学资源进行开发的创新性不足，教学资源多侧重于对知识点常规的呈现。有些高校缺乏共建共享的意识，较少与兄弟院校、教育机构、合作企业和展览馆等单位开展地方红色文化和行业特色教学资源的合作研发，在跨区域、跨类型、跨阶段、跨层次推进信息化教学资源整合与建设方面较为薄弱。从资源开发实用性来看，有些高校信息化教学资源的开发较少从教学实际出发真正满足思政课教学的需求，开发的主要目的更多是用来作为申报国家级、省级建设项目的支撑材料之一，导致教学资源为了申报、检查、验收而重复制作和建设，结果是教学资源泛滥、质量不高，建而不用，用而不全。有些高校在将传统优质的教学资源转化为数字化、智能化、可视化的教学资源方面研究不够，如何将经典著作、地方红色文化资源、行业特色教学资源和博物馆等具有丰富育人价值的线下资源，转化为数字化的呈现方式，供师生进行在线参访，还需要进一步探索。另外，对于不同平台上海量的教学资源如何进一步优化、丰富和整合，如何打破平台与区域间的界限，在更大范围内实现数据共享，使优质的教学资源真正为思政课信息化教学所用，也是需要进一步思考的问题。

二、思政课信息化教学融合不够

信息化技术与思政课教学的融合是指思政教师在把握教学规律和授课内容的前提下，通过信息技术把网络课程、数字展览馆、虚拟教学场景等教学资源引入思政课堂，利用信息化手段营造线上线下新型的教学环境，让学生自主参与教学互动，真正提升思政课的亲

和力、感染力与吸引力。信息化技术与思政课的教学目标、教学方法、教学设计、教学过程和教学反馈等环节的融合是实现教学效果的重要关键，能促进思政课堂更加生动灵活、教学更有针对性、学习方式更便捷、学习效果更佳，从而发挥教师教的积极性和学生学的自主能动性。当前，高校在推进思政课信息化教学的过程中，信息技术与教学融合程度不够，思政课信息化教学效果差强人意。

1. 信息化教学融合深度不够

信息化教学融合的深度主要看信息技术与思政课教学的有机结合程度。从遵循教学规律来看，教学过程的基本规律是人们在长期的教学实践中对体现着教育活动本质特点的客观存在的认识结果，是设计教学、实施教学和评价教学的依据。信息化技术与教学相融合，"首先应该考虑以信息化技术的功能特点促使教学活动更符合教学过程的基本规律。"思政教师在把握信息化技术特点和设计信息化技术如何遵循课前、课中、课后的教学规律融入教学环节时操作能力较弱。有的思政教师在课前教学设计环节出现分析和把握学生学习情况不到位的情况，以至于运用信息技术手段开展教学活动时与未贴合学生的身心发展和学习规律，无法有效将信息化技术与思政课教学相结合的优势凸显出来，影响了教学效果。从创新教学模式来看，"信息化教学模式就是指现代教学思想和理论指导下，师生之间运用现代教育媒体而形成的较为稳定的教学策略、结构和程序的活动范型。"思政教师仍然习惯于传统的"传授型"教学模式，依据思政课自身逻辑结构组织教学内容，通过课堂上的活动系统的把知识传授给学生，学生接受知识。在"传授型"教学模式中，思政教师没有发挥出信息技术的优势作用，多数是利用信息化平台进行课堂签到、答题、作业，通过信息化手段把教学素材和教学资源向学生简单的呈现，学生简单的操作和进行浏览学习，真正的师生、生生互动较少，合作学习、互动问答等环节未能在课堂上有效推进和实现。从优化教学方式来看，信息时代呼唤新型的教学方式，信息化教学要从传统的"讲授"型学习向自主性、创新性、个性化学习转变。自主性、创新性、个性化的学习要求学习者学会学习，具有自主学习意识和元认知能力，在学习过程中的差异性和个性化得到尊重和关注，不断培养各种学习能力，锻炼思维能力和创新能力。信息化技术与思政课的融合还体现在优化教学方式上发挥信息技术的教学功能。目前，思政教师利用慕课、等信息化技术手段激发学生自主学习热情，锻炼学生创新思维，实现学生个性化学习方面还做得不够。从改善师生关系来看，信息时代的教育迫切要求教师和学生的角色发生转变，教师从传统的知识传授者与灌输者转变为学生学习的引导者、促进者、咨询者，学生由被动的学习者转变为主动的、协作的、交流的学习者。高校思政教师在信息化技术融入思政课教学内容、教学设计、教学互动和教学反思的程度还不够深入，在探索信息技术改善师生关系以激发学生学习热情和主动性方面还在找寻方法，信息化技术仍被动处于"大材小用"的尴尬局面，教学主体关系未能改善。

2.信息化教学融合广度不够

信息化技术是否作为工具、媒介和方法有效融入教学前后各个环节之中，也是信息化教学融合需要考虑的问题。从课前融合来看，课前的学情分析和导学往往是思政教师容易忽略的环节。课前的学情分析，对学生进行教学精准画像，开展课前导学，引导学生对所学内容进行预习，这都是开展思政课信息化教学前期的重要环节。目前，多数高校还未有意识依托信息技术和平台实现对学生学习基础、获得新知识能力、学习态度、学习坚持力等的"精准画像"，也未重视选取或开发数字化资源服务于教学内容，课前的信息化融合稍显薄弱。从课中融合来看，思政教师有积极思考和尝试通过借助信息化技术的力量助力教学活动的有效开展，但能够掌握的信息化技术仅限于微课、慕课等简单的技术工具，较少能通过 AR/VR 技术、虚拟仿真交互设备和智慧教室等综合性技术工具向学生构建沉浸式教学场景。虚拟仿真技术是一项前沿的实现教学手段虚实融合的技术，通过还原思政课历史场景，使学生能身临重大历史事件当中，进行人机交互，穿越时空对话英雄人物，促进学生学习学习主动性和积极性。部分思政教师在思政课教学中的融合仅限于简单的技术工具的使用。又如，A 学校建设智慧教室已有 3 年，根据相关统计数据，能够熟练使用智慧教室上思政课的思政教师占思政教师总数不超过 10%，多数思政教师对智慧教室的使用仅是结合而非融合，智慧教室并没有真正应用起来，智慧教室的功能没有得到很好地发挥。从课后融合来看，教学评价是教学流程中一个不可或缺的环节，它对教学的实施起着重要的导向和质量监控的作用，不能忽视。开展教学评价是为了更好地促进学习，它不仅是对课堂教学的总结，更是教师对课堂教学进行反思和提出修改意见的依据。目前，思政教师利用信息化技术和手段开展教学评价并未普及，利用信息化技术根据设定的评价标准监测学生。

3.信息化教学融合精准度不够

融合的精准度体现在信息化技术作为一种工具，是否能够精准发力，提高教学效率，改善教学效果，最终推动教学目标的实现。从遵照学科特点来看，每个不同的学科有其固有的知识结构和学科特点，对学生的学习要求也是不同的。习近平总书记在学校思想政治理论课教师座谈会发表重要讲话指出，"思想政治理论课是落实立德树人根本任务的关键课程"，要努力培养担当民族复兴大任的时代新人和培养德智体美劳全面发展的社会主义建设者和接班人，思想政治理论课具有政治性、理论性和思想性。思政教师在抓住思政课特点开展信息化教学的整合策略的选择上还需要加强。信息技术飞速发展的今天，学生很容易接触到网络上有争议和敏感的话题，如何促进新技术手段与思政课教学精准融合，引导学生明辨是非，在重大原则问题上旗帜鲜明，抵制历史虚无主义，激发爱党爱国爱社会主义的热情，是思政教师迫切面临的问题。从实现教学目标来看，为了提高思政课的吸引力，思政教师预设通过信息化技术向学生展现较多的图片、动画、慕课、虚拟场景等数字化资源，期待通过丰富的教学资源巩固和拓展相关知识，但在实际操作过程中，呈现的教学资源并不是立足于教学目标和内容的精准把控和筛选，形式大于内容，学生面对大量的学习资源难以消化吸收，没有达到预期的效果。从突破教学重难点来看，教学目标中重难点的教学设计不仅关系一节思政课的成败，而且还体现了思政教师的教学理念和水平。为了达到学习目标，如何运用信息化技术和手段有效突破思政教学重难点，让教学效果事半功倍，考验了思政教师的用信息化处理教学问题的能力。有的思政教师推动信息化技术与教学内容的结合较为表面，在讲授抽象理论知识的过程中，利用信息化手段攻破教学重难点时瞄不准切入点，抓不住要害点，对课堂的节奏的把控较为吃力。

三、师生对信息化技术的运用能力不强

高校思政课信息化教学需要依靠信息化技术工具来实现，而人是推动信息化技术效果得到发挥的关键。对于思政教师和学生而言，会搜索、制作、加工自身所需要的教学资源或学习资料，是信息化时代的一项重要技能。在教学过程中，高校思政教师需要确保信息化技术的良好运用来达到理想的教学效果，但是多数思政教师不具备熟练使用信息化技术工具的技能，他们运用新技术和手段操作开展思政课教学的能力有限。

1. 追求信息化教学手段的呈现，忽视教学实效

信息化教学不能简单地以教学中出现的信息化教育媒体的形式、数量和使用次数等外在形式来认定，而是看信息化教育媒体是否在教学过程中真正地起了作用和发挥了功能。只要信息化技术在教学中真正解决了问题，在教学过程中扮演着不可缺少或替代的角色，哪怕使用次数少、时间短，都是信息化教学。所以，不要刻意追求用信息技术设备"彻底包装"起来的外在形式，而是真正关注信息技术在教学过程中所发挥的作用。高校思政教师运用信息化技术开展教学都期望可以达到传授理论、激发情感、引领思想，最终实现教学目标的效果，但往往在信息化教学平台的使用、教学资源库的建设、教学资源的选择、教学环节的设计、教学课堂的互动上缺乏经验和能力，在开展思政课信息化教学时

心有余而力不足，容易本末倒置，为了追求教学"亮点"而呈现信息化手段，重形式上的"用"而忽略了内容上的"教"，忽视了思政课信息化教学的实效。

2.追求信息化技术的运用，忽略传统课堂优势

目前，思政教师普遍关注信息化技术在思政课教学中运用，其优势在于学情分析增强科学性、线上资源提升教学针对性、师生互动突破时空限制、沉浸式教学促进学生参与性等，以期待破解积累已久的思政课教学瓶颈问题。但是信息化教学也有其不足，那就是网络互动始终不能替代实时互动，难以达到面对面的学习氛围，并且利用技术工具进行有效学习的前提是学生具有较强的自控力。而传统课堂在师生互动沟通、相互影响、实时反馈方面可以弥补信息化教学的局限，教师可以通过接收学生的课堂反馈及时调整教学节奏和速度。目前，思政教师更多的是一味追求信息化技术的运用，聚焦在思政课教学有没有使用信息化技术、使用了几种信息技术工具以及使用的时长等，而忽略了传统课堂的优点。寸有所长，择优而用。无论是信息化教学还是传统课堂，只要是能够服务于教学、服务于学生的策略、方法和技术，都可以"拿"过来进行有机整合，找到最优解。思政课信息化教学既要发挥自身的长处，也要规避和克服存在的短处，思政教师既要潜心研究信息化技术的运用，也要充分继承传统课堂的优点。学生的差异和需求是连接信息化课堂与传统课堂的桥梁，网络与传统相辅相成，如通过慕课、雨课堂、翻转课堂，以线上与线下、课内课外有机结合的方式实现教育元素优势互补，填充教学"缝隙"，不断提升思政课信息化教学的实效性。

3.学生善用信息化技术满足娱乐需求，疏于自主学习

在信息时代教育观念的引领下，信息化教学不仅包括了传递知识和技能的教学活动，更体现了学生对教育信息的主动索求、加工和应用。信息化教学不仅是教师通过新媒体技术向学生传递教育信息的活动，而且也是学生利用媒体平台和信息技术进行主动搜集、加工、整理信息和获得知识的活动，学生的这种主动的探索活动在现代信息化教学中将变得越来越重要。在高校思政课信息化教学过程中，学生是获取教学信息的接收者，首先要具备一定的信息收集、处理、分析和判断的能力；其次要具有自主学习的意识、动机和自我规范的克制力。随着信息技术的发展，大学生的日常学习、生活与互联网紧密相连，互联网为学生提供了便利和丰富的信息获取渠道，也为师生建立了便捷、直接的交往方式。而大学生处身良莠不齐的海量信息中，接收的信息呈娱乐化、碎片化和简单化，他们面对网络中庞杂的信息往往难以分辨好坏，信息判断、筛选和自主学习能力在一定程度上受到影响。学生对信息化技术接受能力快，以娱乐、放松为目的的操作较为积极与熟练，但不会利用网络来进行学习，利用信息化手段进行教学活动的意愿不强烈，达到的教学效果欠佳。另外，在长期的传统教学模式中，学生已经形成的被动接受知识的学习习惯，要适应和转变成当前的信息化教学的新模式，需要教师的帮助和引导。

四、信息化教学中师生主客体关系未能得到改善

美国心理学家卡尔罗杰斯首次提出了"以学生为中心"的概念，他指出学习是人的自我价值实现的需要，是个人潜能和人格的充分发展，肯定了学生在教学活动中的主体地位，要改变以往"以教师为中心"的被动式学习方式。信息化技术赋能高校思政课教学就是要充分调动学生的积极性，把被动学习变为主动学习，把单向传递变为双向互动，激发学生的学习兴趣，提高思政课教学效果。在信息化教学中，倡导教师不再是纯粹的理论灌输者，而是教学活动的策划者、组织者和引导者，根据学生实际和专业特色对教学活动进行设计，对课堂节奏进行把控和管理，实现教学目标的达成。虚拟仿真技术把教材文字和教学语言转化为形象生动的虚拟仿真情境，让学生在文字、声音、图像、动画等共同刺激下主动掌握知识和提升能力，促进学生积极、主动参与教学活动。学生能通过信息技术亲身体验，并通过语言、动作与信息技术模拟的虚拟历史人物、情境和目标任务进行互动，在双向交互中实现进一步思考和理解，获得深刻的学习体验，激发了大学生自主学习的愿望。学生不再是被动的个体，而是主动参与教学，进行自主学习和自我提升的主体，从"局外人"变成"局中人"。

在实际的思政课信息化教学中，师生主客体关系未能得到很好改善，学生主体地位不突出。从教师层面来看，思政教师虽然认识到学生主体性优势的作用，但是没有充分利用学生学习主动性的优势开展教学活动。在备课阶段设计教学环节时，缺乏将知识重难点与学生主体相结合的意识和能力，使得教学课堂缺乏吸引力和趣味性，信息技术优势未能充分体现，难以调动学生对于教学内容的积极关注，难以触动学生主动参与互动获得深刻的体验。从学生层面来看，学生在思政教学中的主体地位未能得到体现。虽然目前多数思政教师能够借助多媒体、学习 APP 等信息化技术工具在一定程度上推进师生关系向好发展，但教学课堂中师生之间的关系并未真正改变。思政教师疲于将大量精力投入到课件的制作、信息化技术的呈现、教学内容的讲解上，较少从学生学习发展规律出发研究课堂师生关系。教师没有真正从教学主导者转化为策划者、组织者和引导者的身份，学生在课堂上倾听者的地位也始终没有改变，师生课堂教学交往效率不高，学生难以主动参与到知识的认知和主动探索之中，不能和课堂上教师的理论灌输引起共鸣，有效学习过程中最关键

"被动接收–自发生成–自觉建构"的转变没有实现。例如，在《毛泽东思想和中国特色社会主义理论体系概论》课教学中，A 教师在讲解新民主主义革命对象的问题时，习惯使用讲授、案例分析等传统的教学模式对新民主主义革命对象进行分析，新信息技术使用方面存在不足。A 教师由于事先没有发布课程任务导致学生对所学的内容没有初步了解，从而在引导学生登录 3D 漫游网上展览馆开展沉浸式的漫游体验和互动式学习时，学生对教师呈现的问题和创设的情境没有太多的反馈和回应，并且 A 教师在课堂中设置的任务过多导致在时间安排上太过进奏，学生吸收消化的效果低于预估值。

五、思政课信息化教学评价不够科学

2020 年，中共中央、国务院印发《深化新时代教育评价改革总体方案》提出，坚持科学有效，改进结果评价，强化过程评价，探索增值评价，健全综合评价，充分利用信息技术，提高教育评价的科学性、专业性、客观性；改革学生评价，坚持以德为先、能力为重、全面发展，坚持面向人人、因材施教、知行合一，坚决改变用分数给学生贴标签的做法，创新德智体美劳过程性评价办法，完善综合素质评价体系；创新评价工具，利用人工智能、大数据等现代信息技术，探索开展学生各年级学习情况全过程纵向评价、德智体美劳全要素横向评价。完善评价结果运用，综合发挥导向、鉴定、诊断、调控和改进作用。目前，高校普遍更关注信息化教学的过程，对于教学评价的实施存在评价指标不科学、忽略个体差异，评价方法单一、缺乏灵活性，重结果性评价、轻过程性评价等问题。

1. 评价指标不合理，忽略个体差异

目前，高校思政课信息化教学的学生评价标准过分强调共性和一般性，忽略了学生的个体差异和个性化发展。马克思在《1844 年经济学哲学手稿》中指出，"人是特殊的个体，并且正是人的特殊性使人成为个体，成为现实的、单个的社会存在物"，每一个学生都是一个独特的个体，每个学生的学习和发展的起点、过程和结果都有很大的差异。但实际开展学生评价时，为了便于操作，高校通常设置统一的思政课信息化教学评价标准，评价指标片面、抽象、单一，未关照和尊重学生个体化发展，统一的评价指标并不利于思政教师针对学生的差异性开展因材施教。信息化时代赋能学生评价改革的重点就是要积极探索建立在横向上包括学生德智体美劳全要素发展的标准和纵向上包括各年级学生学习全过程发展的标准，形成全过程、多层次、多方位的评价标准，充分发挥出学生评价导向、鉴定、诊断、调控和改进的作用，更好地帮助提升思政课信息化教学的实效。

2.评价方法单一，缺乏灵活性

目前，高校思政课信息化教学中学生评价仍然沿用传统的笔试考核评价方法，基于成绩的评价，评价方法单一，内容片面，往往只注重了知识考核，而忽略能力考核和素质考核，无形中形成了学生只重视知识学习而忽视素质和技能发展的错误导向。随着5G、人工智能、大数据、云计算等新技术的发展，较少有学校能创新评价方法，运用现代信息技术或工具有效改进和优化现存的评价问题。2021年，教育部等六部委印发了《关于推进教育新型基础设施建设构建高质量教育支撑体系的指导意见》指出，"创新信息化评价工具，全面记录学生学习实践经历，客观分析学生能力，支撑各学段全过程纵向评价和德智体美劳全要素横向评价。推动学生数字档案在评价中的应用，转变简单以考试成绩为唯一标准的学生评价模式"，为高校探索灵活多样的信息化评价方法指明了方向。通过信息技术和工具，可以动态监测学生发展状态，对学生的学习行为和过程进行捕捉，记录学习过程和形成学习数据，生成可视化评价报告，创新的线上结合传统的线下评价，帮助思政教师有效监控学习行为、评价学习结果和进行教学反思等，从而提高课堂教学的质量和学生的学习效果。

3.重结果性评价，轻过程性评价

恩格斯指出："人的全面发展就是要使社会全体成员的才能得到全面发展。"学生是现实的人，是具体的人，其成长是连续动态变化的，我们的教育要培养全面发展的人，在学生评价时的价值导向便要聚焦于此。考试是最常见的评价形式，也常常作为结果评价出现，被认为是对知识学习最好的考查方式。目前，多数高校思政课信息化教学开展学生评价时仍然以考试成绩的结果性评价为主，缺乏对学生在学习过程中的主动性、个体性、实践性和创造性等学习情况的评价和认知、情感、态度等心理要素的评价。这种拘泥于某一个固定时间的静态评价难以全面评价学生，忽视了学生在教学各个阶段的努力程度、互动体验和进步状况，未达到真正意义上的教学评价目标。新时代学生评价的改革走向是要改变用分数给学生贴标签的做法，创新过程性评价办法，实施贯通学生发展全过程的动态评价，突出评价的教育性、推动性和导向性，真正发挥评价的育人功能。过程性评价更加关注学生成长状态，把学生学习各环节纳入评价范围，需要教师对学生课前、课中、课后进行实时关注，"采集学生课堂参与度、任务完成度、测验达标率等各项指标数据"，并对以上数据进行处理和分析。相对于结果性评价，过程性评价对教师的数据采集、处理和分析能力要求更高。

第二节　思政课信息化教学突出问题特征

马克思主义认为，联系无处不在、无时不有，全世界是一个普遍联系的统一体，要坚持用联系的观点看问题，反对孤立片面地看待问题。任何事物的发展都会存在相对应的问题，高校思政课信息化教学在快速发展的当下也遇到多样问题，这些问题的产生既体现了技术时代发展的逻辑特征，也体现了技术思维下人的主观能动性在处理问题上的差异。恩格斯指出："只要进一步发挥我们的唯物主义论点，并且把它应用于现时代，一个强大的、一切时代中最强大革命远景就会立即展现在我们面前。"对思政课信息化教学整体问题的把握可以有效分析出其共性问题的特征，通过对问题特征的深入分析可以为后续提出解决的路径提供影响要素依据，让思政课教师和教学管理者更好地从整体的、联系的视角去看待其问题的产生过程、问题的类型区分、问题的影响要素、问题解决的高效路径等。

一、问题产生是现实性

马克思主义认为，现实性是一切现实事物产生和发展的基础，它不是抽象的存在，而是真实的体现着事物的客观存在性。艾思奇曾这样谈到现实性，他说："这样的现实性，一定是客观的、具体的、内容丰富的东西，现实性的范畴，包括客观世界的许多发展要素的总体。"对思政课信息化教学产生的一系列问题要从其产生的现实环境去深究，从现实的问题境遇上展开内在原因的逻辑分析，以现实性洞悉其问题产生与发展的规律性，有助于我们更好地把握思政课信息化教学问题存在的关联性。

1. 思政课信息化教学是一个现实教学问题

思政课信息化教学的发展具有一定规律性，教学管理者或者思政课教师会按照现实语境下技术发展的趋势和效能来架构和整合其在教学中的功能。前面提到的思政课信息化教学存在工具使用不当、效果不佳、管理不足等问题都是从现实教学过程地开展产生的一般性问题。当前，一小部分思政课教师对思政课信息化教学存在抽象思维，在使用过程中没有从学生和学校的现实情况出发展开教学设计和教学具体实施，对部分内容的教学及实践活动的开展存在"理想主义"，过度看待技术的完美性，导致其信息化教学活动"不接地气"，存在虚化的现象。还有的教师存在教学理念过于超前，忽略了思政课教学的现实性和规律性，使用的教学技术过于复杂，采用的教学形式过于追求"新奇"。思政课教学是对学生马克思主义理论知识的科学"灌输"，是对学生价值观点的引导，思政课教师在现实教学中需要紧紧围绕立德树人的根本任务展开教学，而不是通过技术的力量弱化教学过程中教师的引导作用，以技术的"自动教学功能"取代教师的个体讲授，以数字活动的开展取代价值观念的引导。诚然，对这些问题产生的思考要回到现实逻辑去分析，从侧面反映出思政课教师并没有对信息化教学本身这个现实路径展开深入的研究，也没有对学生接受信息化的程度和取向展开现实分析，以教师主导的自我性虚化、泛化、理想化地开展教学成为个别教师的现实"状态"，必然会与现实教学存在时空隔阂，进而产生信息化教学过程中的一系列问题。

2. 思政课信息化教学问题的产生需要回到现实发展的逻辑起点

对思政课教学产生的原问题需要回到现实生活语境中分析其产生的缘由及呈现形态。从马克思主义联系的观点看，思政课信息化教学产生的教学资源开发不足、教学方法使用不当、师生对信息化技术工具的过度依赖；数字技术对师生本身主体性的消解都是对现实教学生态的投射。从思政课教学的客观发展而言，信息化教学是对现实常规的教学手段的超越与提升，指向的是对技术生产力的良性功能的价值契合，以形式上的塑造和功能上的再造为逻辑起点，丰富教学的呈现形式与演进形态。例如，资源开发不足指向的是现实教学中对资源开展的力度、经费的支持、主动性拓展的一般性归因投射，这里主要指向教学资源不足在现实条件下的客观性，指向不以普通老师为改变导向的政策与资金的流动去向产生的结果，要解决这个问题需要从学校层面的管理以及学校对资源开展的投入的现实观照出发。其次，思政课信息化教学方法使用不当则指向现实教学与理想化教学之间的矛盾，两者之间产生了理想空间结果与现实结果之间不一致性。最后，师生对信息技术工具的过度依赖指向人的发展性与技术发展性的博弈结果，数字技术对师生主体性的消解指向技术的反噬效应，是基于现实人的过度使用工具产生的工具异化现象。从唯物主义的视角看，一切的问题都能从现实出发找到其合理的解释，如果不能则是对现实的理解还没有达到解释问题本源的程度。原本，利用信息技术服务教学为师生教学减负旨在构建智能技术与教师之间的双向互动关系，以减轻教师的工作负担，而智能技术的工具性则使其"停留在单纯存在的机器式的装备上。"以至于教师试图通过信息技术手段去减轻教学工作的繁杂性，却潜移默化地形成了对技术本身的过度依赖，使人成为了技术工作的"附属"。

二、问题呈现的复杂性

课题组对部分高校信息化教学进行调研，梳理出其存在问题交织的复杂性。"只要这样按照事物的本来面目及其产生情况来理解事物，任何深奥的哲学问题……都可以十分简单地归结为某种经验的事实。"按照事物发展的规律性看，事物发展是多种合力的博弈结果，在事物发展的不同阶段，其复杂性体现的形式也不尽相同。在信息化教学发展阶段的当下，各类信息技术的"横空出世"，以至于思政课信息化教学存在技术使用的多形态性，各类型技术的使用规范存在形式不一，效果不佳等现象，也是形成其复杂局面的诱因之一。对思政课信息化教学杂性可以从其多样形态的变化和问题产生的不确定性两个维度去研究。

1. 思政课信息化教学问题复杂性体现在建设的多样性上

2019 年 3 月，联合国教科文组织发布的《教育中的人工智能：可持续发展的挑战与机遇》指出，人机协同的双教师模式将支持个性化学习与协作学习，在此条件下因材施教和按需学习成为可能。思政课信息化教学是一项系统工程，建设过程涉及环节和要素较多，既要从信息化需要的设施设备建设上去完善信息化教学的互联网基础工程；还要针对思政课的课程属性开发具有课程特点的教学软件和信息化系统作为过程教学的支撑，以及多信息化教学的资源建设、过程管控、数据监测、结果评价等都需要一体化建设，涉及的过程要素十分多样。基于此，思政课信息化教学产生的复杂问题来源于建设过程要素的多样性。这个多样性可以从深入的角度分析，一是信息化建设的要素多，要素与要素直接存在关联的复杂性，特别是关联过程对建设实施者自身认知影响有直接联系。在思政课信息化建设中，对信息化教学要素的把控和管理涉及多重管理，管理者角色和思政课教师教学角色存在任务上的差异，观念上的不同，必然产生对信息化建设规划与实时把控的复杂性。二是信息化教学产生的样态多样，形成教学实施的复杂性。思政课信息化教学牵扯到的教学形式和教学模式多样且不统一，部分教师采用的手段和方式没有标准规范的制约，形成的课堂教学问题多样、复杂，对信息化教学管理产生了难度。还有小部分教师对信息化教学的把控能力较弱，对技术服务教学的理念认知不够清晰，对待信息化教学的处理能力和教学问题的复杂性之间形成错位矛盾。

2. 思政课信息化教学问题复杂性体现在问题产生的不确定性上

"自荷兰技术哲学家克罗斯与梅耶斯提出技术哲学的价值论转向后，学者们逐渐将视野从外在主义的技术使用后果反思转移到技术人工物的内在设计。"思政课信息化教学除了关注技术在思政课教学中使用的结果，还需关注技术在教学内在设计中的合理性。基于此，再回到思政课信息化教学产生问题的复杂性这个主题上。思政课信息化教学问题既包括常规问题，也包括特殊问题。从一般规律而言，思政课常规问题主要侧重于思政课信息化教学过程中一般性问题的产生，例如，学生对信息化技术的认知问题、接受问题、反馈问题；教师对信息化技术的一般掌握问题、对数字教学理念的吸收与消化问题等。从教学备课和实施过程看，这些问题基本上都是信息化教学常态问题，是考验思政课教师对日常信息化教学实施与管理的能力，也是对教师教学技能的基本要求。除了一般性教学问题的产生以外，信息化教学的不确定性问题的产生也是需要重点关注。信息技术的常规效能的使用是基于数字逻辑和技术序列的规律程序设定，但也不排除会有技术"突变"与技术"反噬"的不确定问题的产生，特别是数字技术在信息化教学内容的集聚、生成、推送中因其隐蔽的操控导致信息传递的区间隔离，还因为存在的黑箱问题产生算法歧视、算法偏见、信息蚕房等现实隐忧。例如，信息化教学的高效快捷与智能辅助可以帮助师生增强互动性，也可以让互动变成技术算法的"胁迫"，师生互动成为信息数据的简单归类分析，失去了互动的人文性，面对技术的"强势算法"，师生互动交流从兴奋到疲倦的心理状态如何消解成为不确定的情绪激发点。此外，技术对学生思维和行为的不确定性冲击有可能引发学生的"技术焦虑"和"技术崇拜"两种极端，是用技术快速实现学生的任务工作，并借助技术的检索重组和智能生成功能让学生的技术崇拜游离在技术合理性之外。

三、问题投射的多面性

"现实性的问题中应该包含解决该问题的因素，完全不包含解题条件的问题是幻想性的问题。"对思政课信息化教学过程中产生的问题要综合思考，用系统思维去看待思政课信息化教学产生的时代需要、发展逻辑和完善过程。思政课信息化教学产生的问题既有技术本身的"负面"作用，也体现出技术本身在教育领域中的自身难度及对思政课教师群体对现代技术手段的适应能力、驾驭能力等，呈现出技术与教学两者融合过程中产生的问题多面性。整个多面性是对思政课信息化教学全景描述的形塑维度的描述，也是对其产生问题的复杂性和多样性的综合反映。

1. 思政课信息化教学产生的问题折射技术本身的难度空间

技术本身是对现实物质社会发展的一种现实的无形力量，技术是一种客观现象，虽然它在一定阶段上可以是某种"内部状态"，但一定要有外部表现，一定要在造物及其结果中体现出来，一定要外化为某种感性活动或者物质性的凝结。从哲学的视域看，技术本身就是对现实存在的一种力量超越，其本身具有空间上的难度，这样反映出思政课教师在信息化教学过程中存在技术使用难度的问题；存在技术驾驭的不确定风险问题；存在师生互动的技术依赖问题等。技术本体的难度空间对应的教师教学素养要求存在适应难度上的矛盾，技术本身的难度由技术的复杂性和内部关联性产生，也受到外部环境和人的主体使用的过程感受的影响，是对人与技术关系之间的一种本体反映。在现实的教学过程中，部分老师表达了对信息化教学中技术的看法和态度，其中"难度"这个关键词折射出教师对技术本身的驾驭和超控的体验，而目前部分教师显然没有适应技术难度的变化。

此外，学校信息化教学设备与信息化教学环境空间的场域也没有为教师驾驭技术提供更适用的客观条件，进而在多重环境力的加持变化中衍生出各类信息化教学问题。这些问题从现实的源头上也体现出人在驾驭技术和超越技术的能力上存在个体差异及教师群体技术使用能力提升的滞后性。技术反映着社会关系的一般形态和基本样貌，如同马克思所说的"科学、巨大的生产力、社会的群众性劳动都体现在机器体系中"。从技术本身与教师运用自身两个维度看，难度是客观的存在，是不以人的意志为转移的现实的社会属性，而教师的技术适应性则是可控的可发挥创造性的主体能量来源，可以从技术的社会属性出发，进一步理解人对于技术的主动理解力和社会适应力，这些主动性需要进一步从人与技术的社会关系中激发出来。

2. 思政课信息化教学产生的问题反映教师本身对技术的驾驭能力

思政课信息化教学技术使用不当、教学过程不够流畅、教学效果不够理想等现实问题需要从教师本体出发去探究解决问题的路径。事实上，思政课信息化教学多样问题的产生不是孤立的、单一地由技术本身的难度决定、也不是由学校教学管理原因导致。从教师主体出发去探寻原因，可以从教师驾驭技术的意识、方式到行为结果的过程链去看待这个问题。教师驾驭技术是对自身能力的一种拓展，是教师教学技能发展的必然要求，从技术驾驭的本体而言，对技术的驾驭可以分为能用—会用—精用的时序过渡和结果呈现。会用指向思政课教师对技术的运用基本要素的简单掌握、对技术融入思政课内容的初步把握、对基本技术呈现效果的简单预测和把握等，更多的只是体现在基础技能的掌握，当思政课教师对技术的驾驭能力位于这一层面时，教学过程就会出现前面涉及到的基础问题，并且产生师生与技术三者间的基本隔阂，这是信息化教学发展过程的必然现象；只有当教师对信息技术的驾驭能力不断提高，信息化教学产生的问题才会越来越少，对教学本身的负面作用才会越来越轻。

当思政课教师对信息化技术的驾驭和掌控能力到了精用这一层面，利用技术的依赖性越来越强、使用技术的频率越来越高、拓展技术的功能越来越强大时，教学实施产生的问题主要聚焦在更深入的领域，例如，技术如何消解教师与学生的亲近关系；技术对学生思维能力的冲击；技术对师生主体性的消解等。这些问题是不会在信息化教学初阶时候产生，只会在人与技术不断融合的深入阶段才会产生，是对技术过度依赖的体现，也是反映出教师驾驭技术的能力越来越强大。

3. 思政课信息化教学产生的问题指向教学现代发展的适应性

适应这个词从自然属性去解释主要侧重于生物在生存竞争中适应环境条件而形成的一定性状的现象，是自然选择的结果。从社会学角度去看，适应更强调对人在人与人、人与社会的特定关系、特定环境、特定事件中体现的一种融入、抽离、顺应的能力。在信息化教学中，思政课教师对技术的掌握、使用以及评价产生的各类问题都指向了教师对信息化教学实施的适应过程，这种适应过程强调对自身能力的把握、对技术的清晰认知、对两者融合过程出现问题的再适应反思等。思政课信息化教学指向的是现代技术的教学革命，推进的是现代技术的课堂转向，解构的是传统课堂的知识呈现样态，是新的生产力发展在教育领域的新拓展。在智能技术的算法规则、线性思维和机械流程的束缚下，教师利用智能技术减轻自身负担的行为过程呈现出典型的程序化特征，使教师减负犹如"普罗克拉斯提斯之床"，逐渐沦为标准化的程序操作，进入智能技术为其打造的程序世界，走向被智能技术"圈养"的道路，从而落入尤瓦尔·赫拉利（Yuval Noah Harari）所说的"神人"设计的圈套。从技术运用到技术依赖，信息化教学反映出的问题越来越走向人的主体性发展问题，也越来越指向对教学现代发展人的一种适应能力，这种适应能力不是简单地对技术进行直观地使用，而是发挥人的主观能动性对技术在教学中的创造性运用。马克思说，"自由自觉的活动恰恰就是人类的特性"，"动物只是按照它所属的那个种的尺度和需要来构造，而人懂得按照任何一个种的尺度来进行生产，并且懂得处处内在的尺度运用于对象；因此，人也按照美的规律来构造"。从这个维度去看，也就不难去理解思政课教师信息化教学产生的系列问题是指向教师本身现代教学适应能力的不足，没有充分激发个体的主观能动性去驾驭和实现对技术本身的超越，这个不足精确理解为教师本身教学的主动性、创造性在教学实现上的不足。

第三节　思政课信息化教学存在问题的原因分析

在互联网技术高度发达的今天，信息技术在教育教学中的运用越来越深入和广泛，要用好新技术科学引导各教育元素同向发力，必须要深刻分析思政课信息化教学问题产生的原因，突破思政课信息化教学的瓶颈，增强思政课的思想性、理论性、亲和力、针对性，构建起信息化教育新生态，使互联网这个最大"变量"变成信息化教育事业发展的最大"增量"。

一、学校层面的重视程度

1. 学校组织机构与保障机制未完善

在组织保障方面，高校信息化建设是"一把手"工程，也是一项复杂而持久的系统工程，需要强有力的组织领导和统筹协调。许多高校未成立由校领导牵头担任组长的信息化建设小组，在学校信息化建设的总体规划、政策落实和监督执行方面没有组织保障。高校教学信息化建设不单是教学部门的事情，是否成立专职负责信息化建设的部门协同学校教务部门、学工部门和各二级学院等相关部门有计划、有组织、有分工、有合作的处理信息化教学的各项具体工作也是需要重视的问题。在政策保障方面，部分高校没有建立一系列针对学校信息化建设的规章制度和标准规范，各部门的功能和职责不明确，开展信息化建设工作时，规范性较差，可操作性不强。在资金保障方面，高校要切实落实信息化建设工作就需要在网络基础、硬件设备、软件系统、师资培训等方面投入大量的资金，但目前许多高校并未重视信息化建设资金的投入，而投入资金的多少直接决定了信息化建设的规模和程度。在安全保障方面，许多高校在信息化建设时容易忽略信息安全问题，安全保障体系不健全，没有完善的信息安全管理制度和技术防范措施预防遭受网络攻击和病毒传播的风险；同时，数据保护和备份恢复工作也需要重视。

2. 缺乏对信息化平台的长远规划和建设

当前各高校对思政课信息化教学的重视仅停留在思政课是否引入了信息化教学平台、系统、软件，是否使用的信息化手段开展思政课教学，而对于教学平台和系统的长远规划、后期维修和升级关注较少，投入资金和人员较少。而思政课信息化教学要取得良好的成效依赖于一个成熟、稳定、兼容性强的信息化教学资源平台。较多高校缺乏对信息化教学平台的长远规划和建设，学校领导层面、学校教务处、信息中心没有研究部署对学校信息化教学进行顶层设计，也未对学校信息化平台的建设目标、建设任务和建设要求进行系统谋划和严密论证。而具体到使用信息化教学平台的基层单位和专任教师，没有学校明确的信息化教学指导意见作为参考，再加上学校信息化教学平台建设滞后、管理落后，开展信息化教学的水平和效果参差不齐。另外，有些高校建设了信息教学平台，并未做好平台日常的维护和优化、信息库的建设和完善，也未及时收集、关注师生的使用体验，加强研发和升级，建设适合本校师生需求的个性化信息平台。

3.信息化平台的管理机构职责不清

大多数高校没有在学校层面上明确信息化教学平台的管理职责和权限范围，使得学校教务处、信息中心、学工处和二级学院等部门在行政职能上存在交叉重叠、职责不明晰等问题，导致学校对教学资源的管理难以统筹协调。学校要将顺信息化教学平台的管理机构，明确相关机构和部门的职责范围，建设高水平的信息化管理团队。此外，各机构和部门间的沟通联动不畅，学校教务处、信息中心、学工处和二级学院等部门由于工作性质、工作内容和工作强度不同，在信息化教学工作的沟通方面存在沟通不够及时、沟通不畅、沟通无效等问题，不同部门建设和管理的信息化平台之间数据不互通，资源配置不科学，存在资源浪费的现象。学校要整体进行协调和统筹，进一步打通堵塞的沟通渠道，有效整合部门间的资源配置，促进各机构和部门在开展信息化教学工作时从意识转变到共识，从被动转变到主动，为思政课信息化教学服务。

二、教师队伍规范性培训

2021年，教育部等六部门发布的《关于加强新时代高校教师队伍建设改革的指导意见》指出："高校要健全教师发展体系，完善教师发展培训制度、保障制度、激励制度和督导制度，营造有利于教师可持续发展的良性环境。积极应对新科技对人才培养的挑战，提升教师运用信息技术改进教学的能力。"各高校要积极应对先进技术迭代更新对教育行业和教师发展带来的机遇和挑战，教学信息化建设依赖于一支既懂教育管理又掌握信息技术的师资队伍，而各高校在开展教师信息化培训和提高教师信息素养和应用能力方面较为缓慢，在建立完善的人才培训机制、考核机制和激励机制方面有待加强。

1.未把信息化培训纳入思政教师发展规划

近年来，高职教师培训体系日趋完善，但培训主题与内容大多偏向教师教育教学能力、教学比赛能力、教学科研能力、课程建设能力、专业实践能力、政治学习的培训等，高校教师信息化教学能力培训尚不成熟。高校教师发展中心在制定教师队伍建设规划时，缺少针对思政教师制定的长远发展规划和良好的个人发展平台，也未把信息化培训内容纳入思政教师发展规划，思政教师常常是"自由生长"，个人发展在一定程度上会脱离信息化教育形势的需求。虽然各高校紧跟国家信息化教育形势，也在信息化教学平台的搭建和使用上进行了有益的探索，但是部分高校教师发展中心却忽略对教师信息化素质和教学能力的培养，"缺乏对教师信息化教学能力水平、需求与培训效果的精准评估"，从而不能有针对性和系统性的分层制定教师培训规划、设计培训项目、遴选培训机构，难以形成有针对性的信息化教学培训体系，"切实提升教师信通过数字技术创新教学的实践能力"。

2.思政教师信息化培训形式单一

思政教师需要一个培训平台了解现代化信息技术、提升信息技术与思政课融合的积极性与热情、提高运用信息技术开展思政课教学的能力，而这个平台的搭建需要学校教师发展中心的高度重视和具体落实。多数高校在开展思政教师信息化培训时，形式较为单一，不利于调动教师信息化知识和技能学习的积极性和热情，目前高校开展教师信息化教学的形式通常分为以下两种：一是选派教师参加校外信息化教学培训。在日常教师发展工作中，学校结合思政课教师的理论教学和实践教学的情况，定期选派思政教师代表参加各上级部门或校外机构组织的信息化教学培训活动，培训活动包括学习新知识新技术，还可以与同行相互讨论、交流经验。二是邀请校外专家来校开展信息化教学陪训。思政教师还处于对信息化教学摸索和适应的阶段，获取相关信息和教学资源的渠道单一和狭窄，学校不定期邀请信息化教学领域前沿的专家和学者来校进行指导和点拨。新时代的思政教师需要系统、全面的学习信息技术知识、数字教学资源的开发、思政课教学与信息技术的融合，还要通过不断地实践创新思政课教学模式，增强思政课教学的整体效果。目前，高校针对思政教师的信息化培训形式不能满足当前形势所需，高校可以在如何激发思政教师信息化教学热情、促进信息化教学创新、实现教师信息化与教学水平的双提升方面多下功夫，探索培训形式多元化、多样化，积极探索通过专题培训、技能训练、项目实操、实践研修、教学观摩、跟岗锻炼、教学研讨等形式，线上与线下结合、个人与团队结合的方式，分阶段分层次开展研修，推动高素质创新型思政教师队伍建设。

3.思政教师信息化培训重理论轻实践

高校在开展信息化培训时，多数只关注信息化理论的培训，注重讲授信息技术优势、科学知识、教学方法等，较少向教师培训怎么操作技术、何时使用技术、如何运用技术解决教学实际问题。理论与实践犹如"两条腿走路"，需要均衡发展，教师往往吸收了理论层面的内容，而实际操作方面却较为薄弱，不能学以致用解决实际的教学问题。而信息技术运用于教学不仅是信息化教学平台、智慧教室和虚拟仿真实技术等技术工具和平台的使用，更关键的是运用信息技术进行课堂设计，如实施翻转课堂、混合式教学等教学模式，教师要做到信息化技术和教学环节的深入融合，才可能实现课前引导主动学、课上引领互动学、课后引发灵活学的教育新生态，实现信息化技术赋能思政课教学高质量发展。思政教师信息化素养的差距实际上很大一部分就是信息化教学应用能力的差距，高校在进行信息化培训的时候要结合教学实际更多的给教师提供交流互动、实际操作和演练的机会，收集教师信息化培训需求，聚焦信息化课堂中出现的问题进行培训规划和项目设计，针对需求开展信息化订单培训，重点攻克信息化教学设计、创新教学模式等难点和痛点。

三、教师本身教学适应性

运用信息化技术融入思政课开展教学活动对思政课教师提出了更高的要求，新技术融合思政课程要求思政课教师要尽快适应，建立起与之相匹配的新素质和新能力。

1. 教学理念从"灌输"到"互动"的转变较慢

高校思政课信息化教学中，思政教师信息化教学理念的树立和信息化教学思维的培养，是实现高校思政课信息化教学的前提基础和有效保证。冯友兰教授主张"理在事先"的观点，人们总是先有思想和观念，才能实践。思政教师要推进思政课的信息化教学，只有对信息化教学的满腔热情和激情是不够的，在这个问题上思政教师有没有做到解放思想，有没有大胆尝试改变当前固守的教学理念，有没有打破传统教学思维和手段的束缚，去认真思考和感悟信息化教学的优势，去培养信息化教学思维和习惯，从而迅速适应信息化教学。信息化教学环境下，思政课教育生态发生了变化，教师作为整个思政课信息化教学的组织者、引导者和协助者，要以学生的能力发展为本，在注重学生知识习得的基础上，还要以发展学生的各方面能力作为教学目标和教学设计的价值取向。信息化的教学的实施，应该是从学生差异性出发，采取个性化的因材施教策略，"利用信息技术突破教室的时空限制，实行线上线下融合的混合式教学，创设教学情境、促进交互与对话、促进协作与探究，从而形成学生与学生、学生与教师之间的参与式、协作式学习"。

教师在课堂上不再一味地忙于讲授，更重要的是在教学过程中充分利用信息化教学平台的功能开展"提问""讨论""投票""抢答"等教学活动，激发学生的学习兴趣，让学生愿意参与到教学活动中，而不是被动地接受知识灌输。而当前，思政教师并没有及时转变传统的教学理念，培养信息化教学思维，树立起信息化教学理念，很多思政教师在课堂上仍然是以"讲"为中心，甚少照顾到学生的"学"和学生的主体地位的改善，也不能有效把控信息技术在整个课堂中发挥的作用"。

2. 教学模式从"讲授"到"混合式"的转化较慢

新技术带来的教学模式是人人都是信息的接收者、加工者和传播者，教师可以通过网络发布教学要求和提供教学资源，学生可以不受时空限制的进行学习，可在网络上与老师、同学进行交流互动。新的教学模式呈现出宽松、自由和多样化的教与学的活动，教学模式的变革打破了传统课堂讲授单一的固定模式，会使思政教师在长期教学实践中形成的授课模式不再适用，思政教师多年积累的教学资本面临"贬值"和"沉没"的风险，势必引起抵抗情绪。目前，虽然越来越多的思政教师开始探索翻转课堂、混合式教学等教学模式，但信息化教学模式的实现不仅是简单的信息技术的叠加使用，而是要通过数字技术搭建的各种学习平台，形成虚实结合的育人时空，构建数字化育人场域，整合在线教育、移动学习、混合式学习的教育教学方式，帮助学生找准学习的"最近发展区"，并进行有效学习。而思政课教师在长期的教学生涯中，通过反复探索和实践形成了固定的传统教学模式，要改变以往的教学方式、教学手段、教学设计、教学风格不是那么容易，教学模式的转变存在困难。由于思政教师在新技术的使用方面能力不足，将现代信息教学技术运用于思政课教学的效果欠佳，未能实现信息技术服务教学活动的深度融合，创新的教学实践的开展存在困难，发挥线上＋线下协同育人合力效果有待加强。

3. 教学监控能力从宏观到微观的转变较弱

教学监控能力是指："为了保证教学达到预期的目的而在教学的全过程中，将教学活动本身作为意识对象，不断对其进行积极主动的计划、检查、评价、反馈、监控和调节的能力。教学监控能力是教师教学能力结构的高级形式，是其他教学能力和教学行为的调节中枢。"在思政课信息化教学的过程中，学生的学习形式发生了变化，思政教师的角色也随之发生了变化。学生的学习增加了自主探索、互助协作、动手实操等环节，思政教师要对以上教学和学习情境进行全面监控，从原先的宏观到微观，及时反馈学生学习情况。原来我们站在"解决教师教的问题"这个角度上去思考，认为解决了学生的一些问题，就能促进教师的专业发展，但随着信息技术对教育的加持，现在我们研究的教师的教学"元认知"的问题不但是教师怎么教的问题，而是要反向思考教师在教学过程中有意识地认识教学能不能促进学生基本知识的掌握和价值观的树立，如何来促进和帮助学生的成长和进步，发展学生的关键能力。所以，教师要跳出固有模式，转换教学视角，不仅是研究宏观视角上教师怎么教，更多的是要关注到微观视角下学生的学习如何落地，教师该用怎样的教学行为和手段来促进学生的"学"。所以，教学监控要研究教师的教学和研究学生的学习，不能把它截然地分开，既要有内容的教学，也要有基于内容教学之上的教学原则和方法，同时要在信息化教学过程中通过线上线下不断的对学生的学习情况进行监控，以便及时根据学生学习的差异性调整教学策略。教师教学监控能力的提升，是教师专业发展很重要的一环，但目前高校思政教师的微观教学监控能力普遍较弱，需要各高校重视。

四、师生的信息化素养方面

《教育部关于发布〈教师数字素养〉教育行业标准的通知》，把教师数字素养分为数字化意识、数字技术知识与技能、数字化应用、数字社会责任、专业发展五个维度，明确了教师数字素养内涵是："适当利用数字技术获取、加工、使用、管理和评价数字信息和资源，发现、分析和解决教育教学问题，优化、创新和变革教育教学活动而具有的意识、能力和责任。"为如何提升思政教师利用信息化技术优化、创新和变革教育教学活动提供了参考依据，而目前高校思政教师的信息化素养的水平较低。

1.思政教师的数字化意识、技术知识与技能欠缺

思政教师对数字信息技术的认识不深，对信息化技术敏感性较差，运用信息化技术开展思政课教学活动的意愿和意志不强烈；同时，对信息技术知识的学习不多，缺少在日常教育教学活动中应了解的数字技术知识与需要掌握的数字技术技能，对有关的专业术语和基本操作技能掌握的不够。有些思政教师信息化意识不强、认识不全面，出于对学习信息化技巧难度与强度的考虑，对于信息化教学存在不同程度的畏难和抵触情绪，往往将信息化教学简单理解为传统教学环节的数字信息化替代，单纯的将信息化教学能力的培养等同于自身对信息化技术的了解、掌握及运用。目前，思政教师基本具有信息化教学的意识，"但怎样适应新格局，打破传统课堂教学模式，贯彻'互联网＋'教学新模式，是需要重点解决的问题。"由于有些思政教师信息技术知识与技能欠缺，对信息技术应用有限，形式单一，多数只会用于案例展示、测试练习、期末考试等简单环节，"欠缺信息技术对教与学全过程的支持，特别是对学生有效互动、深度探究与知识建构的支持"，人工智能、数据挖掘等新技术对学情分析、教学设计、教学决策、教学反思及个性化学习等的应用效果不佳。

2.思政教师的数字化应用能力较弱

数字化应用即："教师应用数字技术资源开展教育教学活动的能力，包括数字化教学设计，数字化教学实施，数字化学业评价，以及数字化协同育人。"目前，高校思政课信息化教学尚处于自发和摸索的初级阶段，高校思政教师正逐步适应各类在线教学平台、教学资源和网络教学环境，离信息技术融入教学的创造性应用还有很长的路要走。首先，思政教师要根据教学的不同环节和不同要求而切换使用不同教学平台，选取和使用的教学平台较多，各平台所涉及的模块众多、功能不同，思政教师的信息化平台操作和切换的熟练程度有待提高。如，利用在线慕课学习平台进行引导学生进行课前预习、通过"学习

通"进行签到和布置课后作业、依托虚拟仿真中心开展互动和沉浸式教学等，都需要思政教师了解各平台在教学过程中的优势，掌握各技术工具的使用技巧。其次，在进行思政课教学资源开发、教学设计、教学情境创设、师生互动、教学评价的时候，思政教师迫切需要寻求技术支持和帮助，但多数时候很难获得有效指导，时常陷入技术运用的困惑之中，影响授课效果和教学体验。例如，思政教师在进行信息化教学设计时，根据学生学情特点和教学内容选择什么教学策略，通过哪种技术和平台导入教学资源，教学环节和各要素应该怎么合理安排；在实施信息化教学的过程中，利用什么平台创设教学情境，怎样引导学生进行自主学习，怎样跟学生进行线上线下互动等，都是思政教师需要攻克的信息化教学难点。

3.思政教师利用数字技术促进专业发展较难

"高校教师利用数字技术资源促进自身及共同体专业发展的能力不足，在数字化学习与研修、数字化教学研究与创新方面考虑得较少。"思政教师要提升信息化教学实际操作能力一个很重要的基础是对于信息化教学相关理论的认知，而科学的信息化教学的认知离不开对信息化教学问题的深刻反思和研究，开展关于思政课信息化教学问题的科学研究便是提高信息化教学水平的出发点。思政教师在思政课信息化教学中积累了丰富的实践经验，为做好科研工作提供了可靠的数据来源和研究内容。思政教师在信息化教学成长的道路上务必要积极投身科学研究促进个人专业化成长，开展新时代思政课信息化教学理论与现实问题的科学研究，在思政课教育实践中探索总结，知行合一，不断产出思政课信息化教学研究成果，以教促研，以研促教，促进教学与科研相长，促进双向提升。

4.学生运用信息化技术开展学习的能力较弱

作为"数字青年"的学生已经熟悉和掌握了信息技术时代大数据筛选、收集、使用的基本技能，可以较好地适应在线教学方式，并根据老师的教学要求完成学习任务和选择方法。但是，在实际的教学过程中，经常会看到这样一种现象：教师布置一个教学任务，在自主探究、实践操作环节中，一部分学生非常忙碌，任务目标明确、查找资料、根据已掌握的技能完成教学任务，并利用已掌握的知识综合对任务答案进行修改和完善，各项信息技术应用自如；另一部分学生却一脸惘然，无从着手。这种现象表明，学生之间掌握信息技术的知识和技能存在较大的差异，这部分学生尚处于"无序"状态。如果不能及时改变这种状况，随着课程的深入，学生间的差异会越来越明显。学生通过信息化教学平台获取丰富的数字教学资源时，消化和吸收多元化教学信息的能力受到了考验，虽然学生对信息化的学习方式较感兴趣和呈现出更多的主动性，当面对高阶性、挑战性的知识和能力的学习时，需要得到足够的探索时间和试错空间，亟须教师有效指导，帮助他们对教学信息进行主动选择、加工和处理。作为思政教师在信息化教学上如何面对"无序"的学生，如何缩小学生在信息技术课程学习上的差距，是值得我们关注和思考的。在确立学生能力本位的前提下，对学生思政课信息化教学适应能力的提升是关键。授人以鱼，不如授人以渔，要想使学生能够自己去探究、辨析、处理，从而获得正确的知识和熟练的技能，作为教师必须让学生掌握"渔"的技能。而思政课信息化教学的线上线下混合式教学模式就是一个教师培养和提升学生运用信息技术开展学习的途径，但多数教师疲于应付自身"信息技术恐慌"的状况，没能很好地利用混合式教学中"任务驱动"的方法，以任务目标引导学生自觉探索教学平台功能的使用、教学资源的共享、信息技术的手段，通过信息技术工具的综合应用，帮助自身实现学习知识的理解、教学情境的体验、教学实践的掌握，逐步培养起分析问题、解决问题以及应用信息技术处理学习问题的能力。

第五章

高校思政课信息化教学改革的着力点

　　党的十九大报告中指出："建设教育强国是中华民族伟大复兴的基础工程，必须把教育事业放在优先位置，深化教育改革，加快教育现代化，办好人民满意的教育。"党的二十大报告提出："实施科教兴国战略，强化现代化建设人才支撑。"思政课现代化发展是教育现代化发展的必由之路，思政课信息化发展是推进实现立德树人这一根本任务的现实要求，也是顺应教育改革趋势，办好人民满意的教育的时代需要。推动思政课信息化发展是实现其高质量的现代化发展的前提和关键，也是体现"技术—教育"互进互构的逻辑思路，实现以技术创新带动教育内涵式发展创新的现实需要，对于改变思政课传统的教学形式，以新的教学方法实现思政课育人质量提升具有重要的现实意义。

　　在推进思政课信息化教学改革层面，党和国家相关部门出台了多项政策，各地市教育部门也推动了一系列思政课信息化教学建设工程的落地实施。例如，2022 年 3 月上线的国家智慧教育平台，平台涵盖着丰富的思政课教学资源，包括党史专题教育、爱国主义教育、课程思政教育、劳动教育等，学生可以借助这个平台开展思政内容的自学，教师可以根据实际教学需要，实现平台静态资源向动态教学资源的转换，助力思政课信息化教学的转型发展。目前，教育部统一制作的思政课课程教学资源覆盖全国高校思政课课堂教学，让思政课教师信息化教学有了重要的授课资源支撑。此外，依托北京高精尖思政课创新中心开展的各类线上培训会、分享会、教学比武、课程建设等，让全国思政课信息化教学有了重要的资源依托、技术指导依托、活动平台依托。除了教育部开展的各类推进思政课信息化教学发展的项目外，各省市各高校也通过自身的发展去赋能思政课信息化发展，各类现代技术如雨后春笋般在思政课教学课堂呈现，打破原有单一的教学形态。例如，2017年，全国高校思想政治理论课信息化建设联盟成立仪式暨在线开放课程建设研讨会在武汉大学召开，会上发布了多项思政课信息化教学改革案例；2020 年，思政课信息化平台建设研讨会暨"数字马院"联盟成立大会在北京科技大学天工大厦"数字马院"举办，思政课信息化教学资源使用得到了国内众多马院的支持。还有的高校和技术公司合作，共建智慧教学新模式，例如，广西师范大学与华为技术有限公司共建新型智慧教室，双方合作共建新型智慧教室，将智能终端、教学云平台、大数据分析、物联网融合、AI 感知、常态化录播等多重功能融为一体，让教室更智能，让教学更高效。另外，思政课信息化教学要借助技术的力量实现高质量发展，不仅要更新教育理念，还要深化信息技术基础工程的创新改革，为思政课信息化发展保驾护航，提供新的发展动能。思政课信息化教学应该如何塑造发展，如何根据时代变化及学生数字化学习习惯重点打造，这是目前值得思政课学界关注和深入研究的话题。

第一节　思政课信息化教学平台与数字资源库建设

思政课智慧教学平台与数字资源库建设是思政课信息化建设的两大重点内容。思政课智慧教学平台主要负责全部信息技术的开展、数字资源的统筹运营、师生各项数字活动的终端实施、各项信息化数据的收集、分析、判断和呈现、各类教学环境的实施开展等。例如，从大学生的客观实际需求出发，借助大数据、云计算、物联网、人工智能等新技术集成高质量、动态化的理论资源库、案例素材资源库、教学活动库等，形成形式多样、富有科技的集成动态思政课数字化内容资源库。现在市场推出的智慧教学平台类型丰富，功能强大，可以满足思政课各类型教学活动的开展，成为思政课信息化教学发展的重要平台依托。例如，超星学习通智慧平台、人教智慧教学平台、讯飞智慧教学平台等。智慧教学平台一般都会搭载丰富的数字教学资源，为师生开展教学提供大量精准的教学资源，形成系列教学资源库，这是智慧教学平台的内容灵魂。

一、契合"大思政课"理念的数字智慧平台建设

2021 年 7 月，教育部等六部门发布《关于推进教育新型基础设施建设构建高质量教育支撑体系的指导意见》，意见指出要"聚焦信息网络、平台体系、数字资源、智慧校园、创新应用、可信安全等方面的新型基础设施体系建设，促进线上线下教育融合发展，推动教育数字化转型。教育数字化转型的核心是促进全要素、全业务、全领域和全流程的数字化转型，涉及课程内容、教学模式、评价方式等教与学过程中各个方面的数字化。" 建设思政课数字智慧平台是建设数字马院的重要组成部分，也是当前思政课信息化教学的大势所趋，对于加强和改进高校思政课教学具有重要的现实意义。思政课数字智慧平台可以

实现思政课优质数字资源的共建互补，让课内外教学资源集合，并通过智慧平台优化功能实现师生教学—科研—实践等环节的数字化连结，提高学生学习的积极性和主动性，提高思政课教师队伍教学专业素质，为新时代思政课信息化教学提供丰富的资源平台。著名学者维克托·迈尔－舍恩伯格在其著作《大数据时代》中是这样界定的："一种前所未有的方式，通过对海量数据进行分析，获得有巨大价值的产品和服务，或深刻的洞见。"思政课数字智慧平台从本质上讲是"互联网＋思政课"的有机结合，大部分思政课数字智慧平台都具备数字资源整合、教学实时交流、教育教学评价反馈的基础性功能。随着人工智能与大数据技术的发展，将推动思政课数字教学平台朝着协助式知识输出、精准化瞬时反馈、闭环式探究学习与场景化教学研究的整体化、系统性、多维度方向发展，可以智能链接思政课主客体，自动捕捉主客体的活动痕迹、智能识别教学需求信息，智慧联通教学资源，智慧治理教学活动。目前国内公司与高校合作的思政课数字智慧平台落地的形式非常丰富，在走访部分高校马院和对部分技术公司的考察，本研究团队成员也收集到了一些比较常见且运行效果比较好的数字智慧平台，这些数字智慧平台不仅运用于思政课领域，还向教育课程全领域扩展使用范围。

（一）部分公司的案例简述

1.XF 公司智慧云端课堂平台的部分功能简述

XF 公司的智慧课堂，利用云＋网＋端智能化软硬件利用人工智能、大数据、云计算等新技术基于动态教学数据分析打造全新的智慧教学环境助力学校实现智慧"教"与"学"，其中涵盖多种智慧教学功能。

（1）复制教学的智能转写功能。智能转写中、英语音实时转文字中文转写识别准确率达到93%，英文转写识别准确率达到90%，中、英双语智能同步翻译公式智能转写自定义热词识别等。

（2）数据统计实时反馈功能。以教育心理学和游戏化的设计理念，实行教育行为数据采集和学情追踪反馈，帮助教师实现精准教学和过程性评价。通过数据分析中心，对长期以来采集的教学大数据精心统计和分析可获得不同院系、不同年级、不同时期的教学风格、教学质量、资源使用等综合性评价因素报表，以方便学情分析。汇集课堂教学过程性、结果性数据，将教学档案电子化，通过对未读数据分析（课堂活跃度、课堂参与度等），为管理决策提供数据支撑，为教师教学策略改进提供依据。

通过无感知的行为采集，基于行为分析学理论，分析学生课堂行为（出勤率、抬头率、发呆率等）。通过语音识别和转写记录教师课堂用语，基于话语分析理论进行分析，分析课堂教学方式（启发式、填鸭式、混合式教学……），为教学反思提供依据。通过不同维度数据相关性，分析不同教学活动对学生课堂表现的影响、不同教学方式对学生成绩的影响，辅助教学改进。

2.YSTY 公司智慧云端课堂部分功能简述

YSTY 公司与高校合作的智慧课堂建设在技术领域更具有时代感和先进性，主要聚焦细分领域，切准前沿脉搏，尤其在 5G 全息 + 智慧教育场景、5G 全息 + 通信场景，YSTY 的全息互动教学系统，打通了从全息三维课间创作、三维随堂教学、跨时空同步传输、课程同步录制、全息课程分享五大技术环节，使得系统成为黑科技满满，且好看又好用的智慧教学平台。合作的高校为山东省的 S 大学，也是国内首个一校三地全息互动教室。

公司以校园网为依托，在 S 大学每个校区分别部署有云视图研全息采集教室和全息还原教室系统，系统将教师在全息采集教室中的授课影像、课件和板书内容、全息 3D 课件等教学元素，传输到位于远端的全息还原教室，继而以裸眼立体的形式展现在听课的学生面前，能够显著增强远程听课学生的现场感和沉浸感，有力提升教学效果。在验收演示环节，全息教室的立体成像效果给评审专家留下了深刻的印象。在全息教室前方的虚拟平台上展现的 1：1 立体虚拟人像，立体感强，清晰逼真，几乎可以还原教师本人。现场还演示了从威海、青岛校区到中心校区的实时传输效果，几乎没有延迟和任何图像失真。在加入虚拟仿真技术要素后，教师可以在上课的过程中从系统中随时调用三维教学模型，可以任意分拆、组装和旋转，对学生加深对原理的理解大有裨益。全息智慧教室和一般的视频会议教室是有很多区别。一般的智慧课堂只是坚定地做远程连结的视频会议，呈现的画面是平面的，虽然可以切换多种镜头，但是画面还是以分割的形式呈现，难以达到一个画面立体的呈现，并且真实还原人物与动作，实现在线同步全景呈现。

通过列举这两家技术公司与高校合作的案例，可以直观地看见现代信息技术平台的功能越来越强大，涵盖教学全过程链条各个环节。事实上，类似这样功能的数字化教学平台还有很多，例如，超星智慧教学平台、弘成智慧云课堂、安徽大学智慧思政课教学平台、云南开放大学建构的思政课数智化学习平台等。

这些智慧教学平台主要呈现的特点如下：一是技术交叉性强，以 5G 技术为依托，以 AI、XR 等技术混合使用为特征，全过程实现技术的互联互通，助力思政课教学全过程各环节的数字形式的实现。二是智能性高，通过大数据运算功能和人工智能化处理系统，减少思政课教师大量的基础性工作，将资源加工、学生数据加工等基础性工作全部转化为智能加工模式，让教师从复杂的基础数据整理和分析工作中抽离出来，集中更多的精力在解决教学重难点，提高课堂教学时效上。三是组织教学管理方便。思政课教师开展教学的活动设计、信息发布、教学过程数据的采集、学生作业的收集管理、考核成绩的统计与分析等都可以实现一站式信息化处理。

（二）思政课数字智慧平台运行的效度

2018年，教育部发布的《教育信息化2.0行动计划》指出："要以人工智能、大数据、物联网等新兴技术为基础，依托各类智能设备及网络，积极开展智慧教育创新研究和示范，推动新技术支持下教育的模式变革和生态重构。"经过近五年的发展，各高校在数字智慧教学平台的建设上取得了显著成效，特别是在思政课教学领域。思政课教学信息化建设的成效主要集中在以下几方面，一是建立了完备的数字思政信息化教学平台，以平台为基点开展信息化教学有了系统支撑；二是建立了校级完备的思政课信息化教学管理制度和教学实施规范，思政课信息化教学标准化实施有了常态管理；三是实现了思政课程信息化教学的高覆盖率，从思政课教学的教师课程准备环节到课程结束端的效果评价环节都有了全链条数字技术的支撑；四是师生信息化教学素养明显提高，信息技术的使用成为师生开展教学良性互动的有效工具。

1.思政数字智慧平台建设从形式到质量地提升

在社会生产领域，进行供给侧结构性改革是社会发展重要的改革措施，供给侧结构性改革主要从提高供给质量出发，用改革的办法推进结构调整，矫正要素配置扭曲，提高供给水平，增强供给结构对需求变化的适应性和灵活性。在思政课数字资源建设领域同样需要供给侧结构性改革。事实上，可以把思政课数字智慧平台比喻成资源供给、活动开展的"中央厨房"，中央厨房的建设决定了提供"食材"的新鲜度和食物制作过程的健康安全。对于思政课数字智慧平台建设，要先整体上了解平台的运行的工作机理。思政数字智慧平台都依托强劲的5G移动通信技术进行高效运转，5G技术以移动性、高密度性、高速率重塑了思政数字智慧平台的成长空间，实现了思政课教学在内容整合、形式创新、空间再造、海量储存上实现量和质的飞跃。

思政智慧教学平台基于人工智能的大数据分析，通过储存记录、评估的数字生成，为精准了解师生教与学的过程提供"群体画像"，对特殊个体的成长形态提供"个体肖像"，便于教师或者管理者全方位地了解教学对象的关键信息。这样的过程即能体现数据的动态整合，也实现了对稳定信息的合理输出，对监测教学过程链实施的全面提供了平台动能，以直接的关联性勾勒数字教学时代智慧课堂的生成画像，从数据分析的"量"到有效提高思政课教学评价效果的"质"，全方位塑造思政课信息化教学新样态。此外，思政智慧教学平台的"学伴智导"功能可以有效地帮助学生实现互联网空间的自主学习，"学伴智导"功能是一种类似于"虚拟教师"的线上自主讲学模式，通过智能语音识别—情境互动对话—理论知识智能阐述—学习自评分析等功能，有效形成课堂教师引导—课后思政数字智慧平台"伴学"的双老师制，为数字环境下学生构建自主探究学习新模式提供常态化学习环境。

2.思政课数字智慧平台建设要避免的现实羁绊

"教育数字化转型实践过程中将面临教学、基础设施、管理等多个重要场域的转型升级。"部分高校在思政课数字智慧平台建设上都取得了丰富的建设成果，形成了独具学生特色的思政数字化教学终端系统。但是也有的学校只关注数字智慧平台的硬件建设，只关注产出结果是否和投入的资金成正比，并没有深入地去了解学校本身思政课数字智慧平台的合理性发展和具有现代前瞻性的规划，在思政课数字智慧平台建设上还存在一些不足，还有可优化的空间，主要集中在以下几个问题上。

一是缺乏思政课数字智慧平台建设的整体规划。部分学校建成的平台功能强大，在运转性能上展示出了现代技术的强大智能化功能。但数字智慧平台的部分功能、部分参数设置、部分数据储存通道之间的连通性存在割裂现象。有的思政课老师反映，思政课数字智慧平台部分功能和学校的大数据系统无法对接，导致教师索要的数据和学校其他平台产生的数据有重复，部分学生对于反复使用多种系统填报数据有抱怨心态，增加了师生的工作量，特别是学校教务系统的大数据和校外企业的平台数据通道之间不兼容或者存在信息安全壁垒，使得两套系统数据不能实现共享。还有的平台整体功能很强大，做到了大而全，但是没有做到大而精。部分平台的主要功能强大，但细分到各个子要素平台，很多功能就弱化。例如，某些集成型的平台在互动交往功能上很强大，但是在无纸化考试上却功能弱化；有些在全息智能识别上很出彩，但是在数据采集上又比较"鸡肋"。诸如此类的问题还是不少。由此可以推断，每一个技术公司推出的单一功能的教育技术有其市场竞争力，但是能集中所有尖端技术的平台又很少，导致平台与平台之间的技术壁垒越来越大，这是一个技术公司竞争的现实问题。还有一些学校在搭建思政课数字智慧平台时，没有预留足够的更新"空间"，也没有做长远的规划，导致很多智慧平台随着时间的变化，难以再适应新的教学形式和互联网发展趋势的诉求。

二是缺乏学校思政课特色功能的开发考量，数字智慧平台同质化建设，导致竞争力不强。由于市场上开发的数字智慧平台技术在相对一个时期内较为稳定，各个公司之间的产品在同类价格区间内的模式也近乎相同，会产生各个学校思政课教学采用的数字资源平台具有高度的相似性和重合性。也就是说，很多学校建设的数字智慧平台或者系统在一定时期内所呈现的技术是相对稳定的，在相对稳定的技术市场竞争中，就会存在技术的无差别竞争或者说是同质化建设竞争，最多就是在个别功能上有所差异，但总体上给思政课信息化教学而言并没有太大的差异。例如，虚拟仿真技术在思政课教学中的运用就特别明显，很多高校采购的虚拟仿真技术从技术的本质上看差异性不大，但是在外在呈现形式上可以做到特色化，如果单纯以形式包装来加以区别还是可以起到标新立异的作用。还有的数字智慧平台搭建的人工智能语音辅助系统也是繁杂而同质，缺少时代新意；也就是说，高校在建设思政课数字智慧平台时可能要充分论证学校思政课建设的特色发展、内涵发展的路径指向，从自身禀赋上深挖所需要的数字技术，而不是以其他学校的数字智慧平台为模板进行套用，最终产生的结果就是同质化竞争。如果仅仅从资金投入、规模大小去衡量思政课数字智慧平台建设，却没有拿出实质的关键的创新部分去和其他学校进行区别比对，那最终依托思政课数字资源平台形成的思政课数字化教学模式也会事倍功半，没有走出特色创新之路。

三是缺乏平台运行评估机制。在关于思政课数字智慧平台建设的相关调研中，有思政课教师反映，学校思政课数字智慧平台搭建推动了思政课教师利用信息化技术开展教学的信息和决心，很多思政课教师也投入了大量的时间和精力去研究信息化教学的规律；使用新的技术开展教学模式的探索；利用数字智慧平台的功能去创新教学实施过程。但是关于思政课数字智慧教学平台的运行效果是缺少评价机制，走访的部分学校或者马院基本上没有对思政课数字智慧平台进行评估的机制建设，在这个方面形成"真空"区域。学校和马院层面也没有定期或者系统的对整个思政课数字智慧平台在思政课教学中的运用形成具体的评估报告，教师使用者本身和教学管理者对平台的运行效果和存在的相关问题并不了解，也就是存在推进使用很明确，运行效果评估的机制跟不上的现实困境，以至于部分思政课老师在使用平台开展教学的"新鲜感"过后产生了现在表现出的"不情不愿"的心态状态，这种状态引发的后果就是很多老师又开始回到了相对比较传统的板书授课或者简单的 PPT 授课，学校建设的思政课数字智慧平台变成了闲置的"摆设工具"。久而久之，思政课数字智慧平台上的功能被师生使用的次数越来越少，教学需要的数据运行量也越来越少，整个系统缺少了师生使用的参与也难以形成教学全覆盖的过程数据，最终影响思政课数字教学质评报告的形成，最终演化成从打通教学信息孤岛的数字技术又走向了另外一个"存在孤岛"。

3. 思政课数字智慧平台建设的科学指向

对于思政课教师而言，思政课数字智慧平台的使用是一项"技术活"，教师使用的过程就是盘活平台的直接推动力，对于任何一个思政课数字智慧平台而言，其发展都有客观规律性。通常而言，规律即法则，即事物发展的内在逻辑。对事物规律的认识和把握是我们了解事物发展运行过程的有效途径。列宁曾指出，虽然黑格尔关于规律的论述极其晦涩难懂，但"看来也有活的思想：规律的概念是人对于世界过程的统一和联系、相互依赖和整体性的认识的一个阶段"。对思政课数字智慧平台的运行规律的认识有助于我们理解思政课数字智慧平台建设的科学性指向。诚然，不会存在十全十美的平台及运行模式，只能说在建设平台的过程中每个学校的管理者和思政课教师都要发挥主观能动性，按照建设既有的发展趋向去建构思政课信息化数字技术平台模式，嵌入体现学校教育特色，打造符合学校师生教育教学成长规律的个性化平台，建设思政课数字智慧平台需要从以下几个主要方面入手。

一是思政数字智慧平台坚持过程性的全面智评。学校建设思政课数字智慧平台的初衷是为了提高思政课信息化教学水平，并通过智慧平台的建设更好地服务思政课教学改革，以此获取思政课教学质量的评价报告所需要的数据，并作为思政课教育教学改革的结果支撑。很多学校在对数字智慧平台进行数字参数设置的时候都注重结果性评价的科学化，但是也有小部分学校在进行参数设置和变量制定时候，存在"唯结果"的导向，也就是管理者更关注使用了思政课教师运用信息化教学手段开展教学后在结果数据上的体现，对教师和学生的数据采集分析也相对而言更看重结果的分析报告。按照学校对预设参数的规定到最终数据结果呈现的路径期望看，学校对结果的看重也是客观事实，也是为了进一步改善和优化思政数字智慧平台而着重关注的部分。但是，对于思政课数字智慧平台的发展，我们既要看重数据结果的变化也要结合动态监测、立体画像与过程性发展评价相统一的全面性智评，减少结果性评价对整个思政课信息化教学中师生过程性、生成性评价的负面影响。

坚持对思政数字智慧平台的全面智评不仅仅是利用平台开展教学过程的正确价值倡导还是遵循师生教学成长规律的科学认识。要实现思政课信息化教学的过程性全面智评，可以从如下几点着手。首先，不管是教育管理者还是思政课教师要树立教学评价的科学认识，从思想层面扭转唯结果论的评价误区，这是推进过程性全面智评的认识前提。如果教育管理者没有从思想层面去提高教学评价的科学认识，很难从思想源头去制定和指导思政课数字智慧评价的科学定位和准确把控。其次，制定和出台思政课数字智慧平台评价机制，将成长性、过程性考评作为制度建设的建设指标进行科学规划和实施，做到评价有依据、依据有出处，评价有成长点，使评价结果符合过程性、成长性预期。最后，定期开展思政课数字智慧平台的使用过程评价与结果的分析的内部研讨会，通过分析过性评价和成长性评价与结果性评价之间的变量区别，找出更为合理的评价区间，不断完善思政课数字智慧平台的评价功能。此外，也要关注思政课教师和学生对于智能评价的态度和意见，从评价的主体到评价的客体多个维度去综合考评，在不断优化中推进思政课数字智慧平台的科学发展。

二是思政课数字智慧平台要推动教育管理走向智慧管控。思政课数字智慧平台搭建给高校思政课教学管理提出了新的要求，即走向智慧管控的新形态。思政课数字智慧平台利用全数据链可视化技术，高精度的精准定位，教学行为分析，教学过程的实时监测、教学事故的应急处置、教师行为规范的约束、教学行为风险智能感知等为思政课教学安装了智能识别"眼睛"，能够有效实现教学过程状态及教学信息的动态采集、智能推演、参数识别、辅助决策等，成为了思政课信息化教学高质量发展的有效帮手，并成为推动信息化教学管理走向智慧管控的技术推动力。

思政课是立德树人的关键课程，思政课教学内容的政治性、理论性要求高，在教学实施过程还要注重对学生价值观的引领。随着数字化时代的到来，传统的教学模式已经不再适应"05后"大学生互联网数字学习习惯，传统的思政课教学管理也不能满足实际的管理效率。结合思政课教学质量把控的需要和特点，高校管理者依托思政课数字智慧平台强化思政课课前、课中、课后的三维管理，从过程链出发提升思政课教学信息管理，为直观高效的教学管理决策提供依据。通过"资源统筹、互联互通、数字感知、智能驱动"的整体运行框架，思政课数字智慧平台将资源收集整合、教学实施过程监管、教学过程与结果的实时反馈有机统一，通过连接学校教学质量管理大数据中心平台，实现思政课教学过程实时监测、教学成效实时查询、教学问题实时预警的功能，形成了思政课信息化教学智慧管控的流程闭环。其次，思政数字智慧平台可以成为学校思政课教学与课程思政教学融合育人的"智慧窗口"。在"大思政课"育人理念下，学校可以通过平台对接、资源互补、教学实施耦合的形式和其他思政育人场所、机构建立合作框架，围绕"大思政"育人内容和目标，有针对性地构建"大思政课"数字化空间育人模型，在以思政课为主的"大思政课"数字资源统筹、功能布局、管理信息化、数据基础建设等方面发挥智能管理的技术优势，实现思政育人的多样态。最后，思政课数字智慧平台减少信息化教学中粗放型教学出现的概率，智慧教室安装的无感监测系统，利用边缘网关、边缘计算技术实时捕抓师生教学过程数据，并对采集的监控数据、人脸识别数据、课堂环境数据，通过建立大数据模型进行智能分析，可以呈现出教室授课过程是否缺少互动、学生上课是否存在"打瞌睡""玩手机""走神"等学习状态，并通过多次反复比对监测给智慧教室的智慧中台传递数据，形成教学预警。在教学语境发出去后，教师如果不及时调整教学策略，解决预警提出的教学潜在风险，数据后台将记录形成教师教学过程的行为报告，以此作为教师教学质量过程中存在的风险评价支撑，改变传统的教学督察"人盯人"的模式，这个过程相当于为思政课教学按照了"智慧大脑"，编织了无形智能监测管控网，这个管控网大到教师教学实时过程的全检测，小到学生参与活动的情绪反应，管理者都可以通过数字智慧平台的后台数据看得清清楚楚，为教师改变教学方法、增强教学过程性效果，深入分析学生教学行为提供了强大的数据支撑功能，大大提高了思政课数字化教学的智能管控，让智慧管控为思政课信息化教学装上高质量发展引擎，为全面、科学、准确地评估教学效果提供有力保障。

三是要避免思政课数字智慧平台建设走上"数据至上"的依赖偏好。思政课信息化教学产生大量的零散数据，这些零散数据会根据管理者考评需要，被设定好参数的人工智能系统通过算法进行有效分解和整合，形成数据画像，为教育管理者进行教学评估、教师考核提供依据。但是人工智能毕竟是建立在设定的系统模型上建立的数据画像，呈现出来的数据图像不具备思政课教学中倡导的"温度教学""情感教学"的人文性，只是冷冰冰地呈现出由各类数据建构出来的评价画像，这种数据在一定程度上会制约管理者全面理性地看到真实的教学课堂，仅仅通过表层的信息就加以判断教学过程的好与坏，往往给管理者带来认知负荷，甚至产生数据依赖现象，对数据成瘾。诚然，这和我们之前提到的关注师生互动的成长性、发展性理念有认知和取舍上的冲突。所以，在思政课数字智慧平台的建设和使用过程中，要增强管理者对教学发展的多维视角，既要注重对信息化教学的数据采集和综合分析，也要避免成为唯数据的"奴隶"，在信息化浪潮中避免成为数据至上的平台孤岛。利用数据如果只是片面地看待数据形成过程与数据产出结果，而没有从师生情感态度、行为偏好、价值走向等方面进行精准推送和匹配，必然形成数据"错位"的潜在危险。当前，"应立足人的立场和技术发展的'可能性'，发挥技术服务、赋能人类的功能和价值，构建公平而有质量的人工智能教育生态系统，预防技术潜在的隐蔽性、诱惑性的伦理风险"，实现思政课数字智慧平台的科学评价。

二、思政课信息化教学数字资源的整合建设

"办好思政课，最根本的是要全面贯彻党的教育方针，解决好培养什么人、怎样培养

人、为谁培养人这个根本问题",要"努力培养担当民族复兴大任的时代新人,培养德智体美劳全面发展的社会主义建设者和接班人"。加强思政课数字资源的开发和利用是提升思政课信息教学的重要内容。思政课教学内容体量庞大,从本专科到硕博士思政课程内容。从教学角度出发,教学过程中可以利用且能为思政课教学服务的都算资源,其中包括外部资源、内部资源、实体资源、虚拟资源等。从广义角度看,教学信息资源是指师生可利用的实物资源,如计算机、白板、网络课程、课件、专家等,以及这些实物资源构成的信息化环境子系统,如 Internet;从狭义的角度看,教学信息资源是指教学过程中师生可以使用的设备、课件、电子出版物等。思政课数字资源是建立在数字智慧平台运行基础上的教学内容的有效供给,对于数字智慧平台的有效运转起到至关重要的作用。从具体的操作来看,数字智慧平台所涉及的数字资源涵盖教师教学过程使用到的各类资源,包括但不限于教学案例资源、教学课件及配套设计资源、教学影音资源、教学测试题库资源、教学互动游戏资源等。这些资源架构起了思政课信息化教学实施的基础大厦,为思政课教师灵活开展教学、科学开展教学提供了资源支撑,提高了教学的效率。在教学资源库整合建设过程中,要注意哪些问题,要解决哪些存在的困难,这都是需要通过对教学资源库建设的整体思考去把握。

1. 新时代思政课数字资源整合的基本特征

中共中央办公厅、国务院办公厅 2019 年印发的《关于深化新时代学校思想政治理论课改革创新的若干意见》,明确提出"要加大思政课"思想性、理论性资源供给";并提出"推动优质教学资源共享"。中共中央宣传部、教育部 2020 年印发的《新时代学校思想政治理论课改革创新实施方案》明确指出要"推进数字资源和网络信息资源库建设"。高校思政课信息化教学本身就是一项系统工程,数字教学资源的供给水平和质量影响思政课教师在教学过程中的授课质量和水平。思政课数字教学内容的整合要先明确几个基本问题,一是要建立什么样性质和内容的数字资源;二是以什么样的数字资源内容激发青年学生的学习需求和丰富学生的价值观。在确立思政课信息化教学资源的过程中要对教学内容的各项要素进行系统分析,将教学资源按照功能、类型、形式等维度进行考量与区分,进一步厘清学生对数字教学资源的需要与教师供给数字资源之间的耦合关系,以供给侧结构性改革去推动思政课数字资源整合的实效性。

首先,讲究数字资源整合的整体性。思政课数字资源是由多个子资源汇集而成,每个资源之间又具有相对的独立性。面对庞大的思政课教学内容,如何对教学数字资源进行筛选和使用成为考验思政课教师和学校管理者的难题。在实际的操作过程,很多高校按照思政课的课程属性进行分类整合，也有的按照教学大类进行整合，将教学大类再细分为各个课程的小类进行处理，这种模式相对符合课程资源建设的逻辑性，也利于数字资源的类型管理。还有的学校是按照理论与实践两种大类进行整合，理论讲授类的数字资源注重对理论的系统阐述，讲究理论的深度和广度，讲究理论解读的规范性和统一性，保证教师在授课过程中对理论解读的精准到位，体现出马克思主义理论的科学性，做到这点就需要在资源甄选和建设上加大思想性、理论性资源供给，通过马克思主义理论的资源价值为教学提供优质的学术资源、学科资源，增强对教学过程呈现出的内容的学理性支撑。实践性的数字资源则较为注重理论在现实的关照，体现出社会发展的流动性样态，注重现实社会中的人民属性，从人的变迁发展去看待社会的发展，以人的发展为基础的实践性资源的整合契合人与社会发展的协同性，这类资源往往具有现实感召力和社会生命力，代表着社会现实中最为典型的价值观念，是学生了解社会现状，感受社会发展变化的重要窗口。还有一些实践类的资源是对当地优秀地域文化资源的反映和投射，思政课教师可以通过结合地域文化发展传承的现实需要，将其赋予思政课教学的生命力，建立专属地方育人特色的地方数字资源库，并以实践操作的形式要素加以整合、串联。

其次，讲究资源整合的多样性。思政课信息化教学依托数字平台海量的储存功能可以实现资源专业性分类，为师生提供具有地域特色、专业特色、校域特色的各类型资源，方便教师根据教学学情和课程内容来选择资源，并将其作为教学备课的资源库。此外，思政课教学要不断提升其亲和力和针对性，要实现这个基本要求，可以从资源的多样性、丰富性去呈现其亲和力。一般而言，教学亲和力主要体现在内容讲授过程的语言亲和力、教学方法亲和力、互动形式的亲和力、资源使用的亲和力。教学资源的亲和力体现在资源内容的针对性、内容的多样性、内容的价值性、内容的感召力等。此外，也可以从资源类别的差异性去实现思政课教学的针对性。首先，资源的多样性体现在形式之多、内容类别之多、风格之多，这个多讲究的是资源要素的合理分配，而不是仅从量上面定义数量的多。从教学的过程中看，不同班级、不同专业对同样一个教学问题的理解是存在差异的，对同一个问题的关注点也不一样，很难套用一个案例、一个资源去讲清楚不同专业学生表现出来的问题和困惑，这就需要多样的教案资源来辅助教师讲清楚同样一个问题。例如，艺术专业的教学需要体现文艺气息和文艺理论的资源案例、建筑类专业可以使用大国工匠。还有的资源体现在表现形式上的多，有鲜活的动画动漫类资源、有契合课程属性的政治类资源、有引发对社会问题思考的时政类资源等。有的学校还按照"大思政课"理念去建设思政课数字资源，将数字资源的类型对标学校"大思政课"建设的需要，按照学校培养学生的思政核心目标素养进行类型分类，将有效促进学生成长的思政要素资源汇集在资源平台上，并按照核心素养的类别进行分类，呈现的是以精准的定位需求为导向，在多样的形态上侧重学生核心素养指向。但是，在讲究数字平台资源建设的数量多样的同时也要避免陷入简单重复性资源的建设误区，在追求量的同时，忽视了数字资源质的要求。

最后，讲究资源整合的价值性。数字胜任力是一种为了工作、休闲和交流，自信和批判地运用信息社会技术的能力，互联网视域下的思政课数字资源的整合也考验思政课教师资源整合的数字胜任力。互联网时代的资源生产变得越来越简单，很多资源在被收集和整合过程中过多关注其形式上的新颖，但深入分析其表现出来的内涵价值是很少的，甚至可以定义为"无效资源"。在思政课信息化教学过程中，好的资源除了体现课程的内容需要外，还要向学生展现出资源的价值性，学生通过资源的学习可以起到思想触动、价值引领的作用。

对资源整合过程中表现出来的价值性可以从如下几方面考察：一是数字资源要讲求政治立场，这是思政课教学资源价值立场的属性体现，思政课教学和其他课程教学都需要讲究政治性，只是在呈现形式上会有表现的差异，有些课程的政治性是隐形呈现，需要通过话语表达或者课程思政的形式呈现。思政课资源内容的政治性是显性的直接的表现，是思政课立德树人根本任务的直接体现，也是对培养社会主义合格的建设者和接班人应该有的政治需要。例如，思政课的教育对象是"人"，思政课以促进人的全面发展为价值指向，这就要求思政课数字教学资源要及时体现马克思主义中国化最新理论成果，马克思主义理论学科最新研究进展，用马克思主义理论武装大学生头脑，让学生具备坚定的理想信念，厚植爱国主义情怀，站稳人民立场，胸怀大志，拥有健康丰富的精神世界。

二是体现人的关爱性。习近平总书记在全国高校思想政治工作会议上明确指出："要坚持不懈促进高校和谐稳定，培育理性平和的健康心态，加强人文关怀和心理疏导，把高校建设成为安定团结的模范之地。"思政课教师从海量资源中选取教学需要的资源，要注重资源内容的关爱性，也就是注重人文关怀。人文关怀是一个具有现代性、现实性的话语。与作为历史范畴和思想原则的以人为本相关，人文关怀是以人为本的主要内容，是以人为本的科学发展观的具体化。在社会主义核心价值观视域下，人与人、人与社会、人与国家的关系是既包容又相对独立，在思政课数字资源的建设上，要体现以人为本的价值取向，以符合学生具体需求要求为依据，为学生的成长提供资源价值的引领。其次，要体现出数字资源整合的适用性。所谓的适用性更强调思政课数字资源建设需要紧扣专业人才培养目标，因地制宜地根据学生发展需要、专业育人需要、学校人才培养需要等环节制定数字资源建设的方向和理路。现在大家关注到的教育部全国高校"手拉手"集体备课中心建设的思政课数字资源就是其中一个很典型的代表，通过建立全国数字思政资源服务平台，为全国高校思政课教师提供优质的能够适应新时代高校思政课发展需要的数字资源，现今除了教育部建立的数字资源库，地方各省也根据实际情况建立了本身的思政课数字资源库，正在实现了从顶层设计到地域实践全覆盖。在思政课数字资源整合中关注资源本身的人文性。"充分关注每一个人自身成长与发展的需要，必将进一步解放人、依靠人、提高人，为人的全面发展创造良好的政策环境、工作环境和生活环境"，这是对学生人的主体发展的回应，是为学生提供信息化教学良好资源氛围的价值指向。

2. 思政课数字资源整合存在的问题

完善和推进思政课数字资源建设是思政课信息化教学守正创新的应有之举。在建设思政课数字资源的过程中，部分学校建成了独具地域教学特色的课程资源库，也积攒了丰富的思政课数字资源建设经验。数字时代的发展不以人的意志为转移，尽管各高校在思政课数字资源整合上取得了丰硕的成果，但也面临诸多现实挑战及困境，主要集中在如下几方面。

第一，数字资源有数量上的堆砌倾向。一些学校在数字资源的收集和整理上缺乏系统规范的管理，导致在资源收集整理上存在堆砌现象，使得整个资源库的数字资源看起来很零散，并且不成体系和规范。部分学校的思政课老师反映，思政数字智慧平台本身需要的数字资源量是非常大而全的，但是由于数字资源的建设是一个需要很长时间周期的工作，并不是马上能够很完整的呈现，在这个过程中老师们很难在短时间内完成整个工作量，授权的技术公司由于不熟悉思政课建设，所能提供的专业素材也不是很多，导致整个数字资源库建设的压力就落到了马院思政课教师身上。为了快速搭建思政课教学数字资源库，有些老师只是单纯地将过去做过的、用过的资源复制过去，没有经过更新和技术处理；还有的老师把以往的比赛的教案、视频等材料堆砌上去，资源的时效性较差；还有的老师将网络上关于思政课教学、科研或者相关作品的资源下载下来堆砌上去，有些作品年代久远不适合思政课新修订教材的需要，还有的材料涉及版权问题不适合在数字资源平台播放等。这些现象都反映出了一些思政课数字资源平台注重硬性条件的建设，对于资源这一类的软性建设投入的精力不够，重视程度和精细化程度也不够，以至于出现随意堆砌的现象。

第二，数字资源在质量上的把关还不够。思政课信息化教学使用的数字资源质量关系到思政课教学质量的高低。在前面我们提到了部分学校在思政课数字资源建设上还存在可以拓展和优化的空间，其中，教学资源的质量把控还有待加强。思政课数字资源的质量主要体现在资源本身的知识魅力、资源类型的丰富性、资源的感染力、资源的可读性等。马克思在《〈黑格尔法哲学批判〉导言》中指出："批判的武器当然不能代替武器的批判，物质力量只能用物质力量来摧毁；但是理论一经掌握群众，也会变成物质力量。理论只要说服人，就能掌握群众；而理论只要彻底，就能说服人。"例如，思政课教师在讲授马克思主义是科学真理这个主题时，需要大量丰富的具有学理性的视频素材、案例素材去论证和呈现马克思主义为何是科学的真理，特别是涉及马克思主义基本原理课程，如果教师选用的数字资源库里的辅助资源的理论深度不够，或者在阐述理论问题时没有感染力，这样的资源既不能很好地辅助教师，也很难说服学生。在思政课数字资源建设上必须把握好资源的理论性。其次，有些数字资源的可读性不强，对学生缺少吸引力。思政课数字资源的可读性主要体现在具有丰富的思想性、具有现实感召力、具有价值认同性。在思政课的教学当中，学界一直在提倡让思政课教学更加贴近学生的生活和身边的故事，从学生最贴切的实际情况出发去考虑资源的整合。从这个角度去思考学生喜欢什么样的资源类型，学生对什么样的资源比较感兴趣，或者说学生从这些资源当中能不能使他们能够感悟到对这个问题的一些深层次的看法，至少对学生的思维和认知具有启发性，这个是非常关键的。最后，资源的质量还体现在资源呈现形式的质量。例如，资源的画质感是否高清；资源是否配有字幕，方便学生学习；资源长度是否合适；资源的呈现效果是否精美等。

　　第三，数字资源收集的范围还不够拓宽。部分高校思政课老师在开展数字资源材料收集的过程当中，视野不够拓宽，在收集素材的范围上比较局限，收集资源的类型和形式同质化现象严重，资源大类中涉及校外资源、行业资源、国际资源较少。思政课资源的收集和整理要遵循"大思政课"理念，形成"大资源"建设格局。"大思政课"理念要求思政课教师在收集素材的时，不仅仅局限于思政课教学领域中比较专业的一些理论知识、实践知识，同时也要求我们把视野拓宽到更宽广的领域。例如，教师可以根据学校的特色进行数字资源的收集；可以根据学生所学的专业大类去进行资料的收集；同时，还可以通过挖掘地方特色育人资源的形式进行收集。同时也要思考，为什么老师在收集素材或建设素材资源库的时候，整个视野不够宽阔，有可能跟老师自身的知识储备和主观能动性有关，也有可能跟我们老师所学的专业有关，甚至还是跟老师的个人阅历有关。所以，思政课数字资源的搭建不仅仅是把资源搬到思政课数字智慧平台，还要考虑这些资源的类型是否丰富，这些资源能不能拓宽我们学生的视野。

3. 思政课数字资源优化整合的方向

思政课数字智慧平台的搭建需要大量高水平的资源作为内容架构的支撑，国家对思政课建设的高度重视，尤其在思政课数字资源的平台搭建和资源整合上提出了时代要求，高校在把握新时代思政课内涵式发展的同时，要找准思政课数字资源整合的前进发现，站在资源服务思政课立德树人这一根本任务的基础上实现资源服务教学的效度最大化。

一是加强资源建设地整体设计。前面章节提到了部分学校思政课数字资源收集过程中存在的一些共性问题，这些共性问题的产生其实从根源上讲就是没有做好思政课数字资源整合的整体设计，显得整个资源建设较为分散，特色不够突出，以至于整个思政课教学资源建设的科学性还需要不断地增强。在建设思政课数字资源的时，需要从资源建设的整体上进行系统性建设。特别是要精确地划分数字资源库建设的类别，例如，类型涵盖专题教学资源库、案例使用资源库、问题资源库、时事政治资源库等。要按照预先设计的建设类别、建设形态进行合理地规划和把握。此外，还要针对思政课教师信息化教学的形式和方法来确定数字资源库的建设，教师采用的是虚拟体验教学还是理论讲授教学，或者是互动启发式教学等，不同的方法对应的数字资源是不同的。

例如，思政课在开展启发式互动教学时需要引导学生从社会现实发生的热点事件去思考社会现状背后的原因或者呈现出的社会共性问题。对这一类启发式教学需要的数字资源可以集中在一个单独的资源体系，将时政热点作为最新资源归结在一起，方便教师随时调阅。由于时政热点是一个动态发展的过程，所以，需要思政课教师对这一个大类的视频按照任务清单进行季度更新或者半年更新一次，保证资源的相对实效性，而且在对时政热点类资源进行选取和归类时，要注重热点的影响力和典型性，这样的资源在后期使用中才会有持续分析的价值性和普遍适用性。此外，思政课需要大量的红色文化、地方特色文化对大学生进行文化传承教育。红色文化蕴含着中国共产党精神谱系，是党带领人民艰苦奋斗留下的宝贵的精神财富，是向学生讲述理想信念、革命精神的优秀文化资源。党的二十大报告中提出，要"以社会主义核心价值观为引领，发展社会主义先进文化，弘扬革命文化，传承中华优秀传统文化"，特别是要引导学生关注和学习习近平文化思想，让学生深入了解习近平文化思想作为习近平新时代中国特色社会主义思想的文化篇，丰富发展了马克思主义文化观，是中国特色社会主义文化强国的思想遵循和价值指引。在思政课数字资源库的建设中，有条件的学校可以专门对地方红色文化进行系统整理，形成独具特色的红色资源库，用红色文化的革命精神淬炼学生的思想品德，引导学生坚持爱党爱国爱社会主义相统一。在红色资源的数字化整理中，重点将"红色历史、红色精神、红色歌曲、红色影片、红色故事等隐性资源，将这些有形、有声、有色的教学资源结合起来，引导青年学生积蓄红色文化、汲取榜样力量、凝聚精神动力"。总之，思政课数字资源的整合必须呈现内容需要的逻辑性，按照教学内容实施的规律逻辑实现资源的有序整合。

二是加强理论类资源和实践类资源的整合。推进党的创新理论进教材、进课堂、进学生头脑，需要强化思政课教师对党的创新理论的深入解读，提高学生的理论素养，用党的创新理论的智慧武装学生的头脑。就理论性而言，思政课数字资源建设必须坚持正确的理论指导，坚持马克思主义理论的指导地位。首先，思政课教学的理论渊源决定了课程资源的建设必须坚持理论性的原则。思政课教学的产生和发展都深深地根植于社会的现实土壤，是政治、经济、社会发展的集中反映，资源的理论性和科学性要体现并反映社会发展的规律。在中国特色社会主义制度的指引下，思政课数字资源建设要坚持理论性的原则就是要求思政课教学资源必须有正确的理论作为支撑，要以马克思主义理论和习近平新时代中国特色社会主义思想来指导思政课教学资源的建设，坚持正确的理论导向，坚持资源建设目的是发展人、完善人的发展目标。这必然要求思政课数字资源的收集和整合中强调党的最新理论成果相关素材的整合，将习近平总书记在会议活动、考察调研、外事出访、指示批示、致电致信中的重要讲话的相关素材收集整理，并结合思政课教学重要知识进行要点排序，方便师生理论学习的需要。理论来源于实践，理论又需要在实践中检验。对大学生进行思想政治教育不能只进行理论教育，还需要引导学生将理论运用于解决社会实践，引导学生从实践活动中感知理论的魅力。在数字资源的整合中，面向人民美好生活的向往要素材，面向中国式现代化发展要素材，面向中国特色社会主义伟大实践成功要素材。这些素材的收集必须展现人民群众美好的生活向往，把人民群众在党的领导下过上幸福生活的面貌展现出来；把中国发展的局面展现出来，让学生理解党的领导是中国特色社会主义最本质特征；将"四个自信"展现出来，引导学生感受中国特色社会主义发展的时代魄力，造就中国式现代化的国家自信。

三是注重利用学校大思政队伍的合力建设数字资源库。人既是知识的生产者，也是知识的消费者。"在信息和知识迅速增长与更新的当下，任何个体都无法获得所有的信息、掌握所有的知识，拥有信息和知识来源的'管道'显然比信息和知识本身更加重要，而'人'就是构建这种'管道'的关键部分。"思政课教学是高校思想政治教育的其中一个关键环节，在思政课数字教学资源的收集时要借助全校思想政治教育工作队伍的合力去开展这项工作，并且将思政课数字育人资源收集的范围拓宽至学校整个思想政治教育领域，否则容易陷入数字资源建设的"狭隘空间"，不利于构建思政课教学资源整合的多元重组模式。一般而言，学校团委、图书馆、学工部门、其他二级学院或者管理部门内部会有很多和大学生思想政治教育相关的理论素材或者具有部门特色的三全育人实践案例，这些案例往往都紧扣学生校园生活和最新的行业动态，是学生熟悉的素材，对学生而言是最具有亲和力的素材。例如，学校宣传部会定期在官网和微信公众号推出学生身边的榜样故事、学校发展的大事件、重要的校园新闻等，思政课教师可以从学校发生的新闻故事中寻找契合教学的育人资源，为教学注入新鲜的资源血液；譬如，在讲授理想信念、改革创新、社会主义道德、时代新人等主题，可以利用学校的榜样学子故事增强对学生的朋辈教育。学校团委、各二级学院也会推出各类大学书思想政治教育主题活动，涉及大学生创新创业故事、优秀校园故事、校企共育故事、行业劳模故事等，通过整合这些故事资源，形成系列思政课育人数字资源库，能够形成具有时代性、感召力的资源特色，为思政课数字资源库建设增加学校特色。

但是，由于各级各类素材资源较多，数字资源库建设必须严格按照思政课教学内容的需要进行精准遴选，避免产生同质化现象。此外，还可以和学校其他二级机构合作开展相关大学生主题活动，收集大学生喜闻乐见的素材，或者让学生通过自己的实践活动去收集整理他们觉得有用的素材提供给老师进行筛选，充分发挥学生的主体力量。例如，学校组织的大学生讲思政课比赛、大学生微电影比赛、大学生法治教育宣传比赛等，大学生提交的视频作品、案例作品、故事作品、文章作品等都是可以作为参与思政课数字教学资源库遴选的素材来源。这样的形式既能完成学生思政课教学活动任务，优秀的作品还能参与资源库遴选，一举两得。学生在思政课领域的认识及理解能力和思政课教师相比还是具有一定的局限性，学生提交的作品也会存在质量上的问题，思政课教师在遴选过程中要严格把控素材的质量，保证资源作品没有存在意识形态问题，也没有存在版权争议，更不存在抄袭及盗用现象。

四是加强与兄弟高校合作建设数字资源库。理念是实践的先导，思想是行动的指南。党的十八大以来，以习近平同志为核心的党中央对经济社会发展提出了许多重大理论和理念，其中，新发展理念是最重要、最主要的。现今，社会各个行业都在践行高质量发展，创新、协调、绿色、开放、共享的新发展理念是高质量发展的思想指引。思政课创新发展，特别是思政课数字资源库的建设也需要新发展理念的指导，走出思政课数字资源建设的高质量建设之路。新时代的高校思政课是开放的思政课是合作的思政课，不同高校思政课之间应该强化同类资源建设的合作交流。在思政课数字资源库的建设上可以加强不同高校之间的合作，以此弥补本校单独建设资源库的局限性，也能取长补短，互相借鉴提升。

例如，有的地方高校收藏了丰富的地方文化资源；有的学校馆藏非常珍贵丰富的史料资源；有的高校具有一些重要的科研机构和重要的学术研究平台，具有丰富的科研产出成果资源。这些资源都是思政课需要的复合型育人资源，增强思政课教学的丰富性，仅靠一所学校马院进行思政课数字资源的建设很难实现资源内容的面面俱到、资源形式上的丰富多彩。此外，还可以借助省内各高校之间的合作关系开展思政课数字资源建设。例如，还有的省份开展有高校思政课结对共建活动，区域高校一对一帮扶计划，还有省份成立高校思政课联盟组织等。高校可以利用这样的机会牵线搭桥去推动各结对、帮扶高校思政课数字资源的合作共建共享，实现合作共享，对于部分经费紧张和思政课教师数量不是很充裕的高校马院而言是不错的选择。

　　五是注重区域内重要育人单位合作建设资源共享库。思政课数字化资源建设需要将建设思路和需求拓宽至整个社会层面，以学校层面为轴心，向社会辐射，寻求校企、校馆合作。事实上，很多高校也是将社会资源作为高校育人的重要补充，部分高校马院积极开展与学校企业、地方红色爱国主义教育基地、地方文化育人基地等合作，从企业文化中要资源，从爱国主义基地要素材，从地方文化育人基地要案例。这种合作模式是建立在资源互补、效益共享的理念基础上，是思政课走向合作育人的必有路径。在数字技术普及的当下，很多企业或者育人基地都会上线数字资源库，里面包括各类育企业人文化类资源、地方爱国主义教育资源、各类型场馆虚拟仿真资源等，这些资源的数字化运转让更多的社会资源集中起来，形成具有地方特色的育人资源合集，这些资源对于高校思政课而言，是重要的资源补充，也是拓宽思政课教师与学生视野的重要资源。例如，有些学校充分发挥行业企业的资源禀赋，携手打造校企合作数字育人资源。例如，某建筑类高校与区域建筑龙头企业开展《鲁班讲坛》，利用学校丰富的建筑文化资源和建筑校友资源打造建设行业成长励志类校友访谈节目，形成系列访谈类视频资源，其中不乏建筑行业领军人物、也包括建筑管理单位负责人、新生代建筑设计师等，这类行业性成长访谈类资源可以运用于思政课教学，譬如，在思想道德与法治课关于人生理想、人生追求、职业道德等相关主题的教学中就可以使用，是课程教学资源的重要补充。还有的学校和地方博物馆合作，通过校馆合作的模式将地方丰富而独特的民族文化、历史文化资源通过数字保存、数字转存的形式进行合作，并纳入高校思政课数字合作资源库。对于高校思政课数字化建设而言，通过这样的模式可以充分的利用地方资源，形成"大思政课"育人格局，从而充分发挥了社会资源在高校育人中的作用和价值。但是，在利用地方资源开展思政课数字化教学时要注意几个问题。

一是注意对合作资源的筛选使用，不管是校企资源还是地方红色文化资源或者其他优秀的地域性文化资源，必须建立在教材内容的需要契合性上开展教学结合；简言之，就是要有针对性地使用校外数字资源，避免资源与思政课教学之间产生内容衔接隔阂、价值互动壁垒。二是要注重资源的交叉使用，思政课教学要坚持统一性与多样性相结合，在思政课数字资源的建设中也要强调多样性资源的交叉使用，特别是要发挥思政课教师的创造性，将多样性的教学资源通过核心内容的主线串联起来，形成具有独创性的资源链条服务思政课内容教学。三是对合作资源的编码整合，在思政课教学中要做到精准使用资源备课就要对合作资源精心编码工作，类似于给资源贴身身份编码，方便溯源整合。数字资源编码的要素主要包括，整个资源的类型特征、内涵属性、适用定位等，特别是资源适合哪一门课程哪一章节的教学使用，都要先做基本的类型定位和属性分析，这样方便教师在备课和教学中精准定位到资源的适用章节，节约时间成本，也避免数字资源的乱用和套用，对高校精准地适用校外合作资源提供了"定位"服务。

第二节　增强思政课信息化教学改革力度

邓小平同志，曾经意味深长地强调："任何好主意不会自动实现。美好的前景如果没有切实的措施和工作去实现它，就有成为空话的危险。"思政课信息化教学不是通过停留在纸面上的理念设想，而是实实在在的实践行动。数字化背景下，人工智能等数字技术与高校课堂教学的融合不断深入。数字技术之于高校课堂不仅是工具，而且是重要的生产要素，并与师生构成互补共生的关系。事实上，思政课信息化教学并不是一个新出现的事物，在每一次信息技术发展的阶段都有其课程新的建设任务及建设需求，从这个层面上讲，思政课信息化教学是一项长期的动态的教学改革任务。近十年来，教育技术的迅猛发展在思政课教学领域都起到了翻天覆地的变化，这样的变化不仅是技术的物理形态引发的变化，还体现在对教育者思维的冲击和改变上。高校思政课教学必须紧跟教育技术发展，重点研究教学的信息化发展，在学校层面的作顶层设计工作，集合全校育人资源开展思政课信息化教学改革，助力立德树人目标的实现。

一、加强思政课信息化教学改革的顶层设计

顶层设计在工程学中的本义是指统筹考虑项目各层次和各要素，追根溯源，统揽全局，在最高层次上寻求问题的解决之道。2010年，顶层设计作为政治名词首次出现在中共中央关于第"十二个五年规划"的建议中。2023年2月7日，习近平总书记在新进中央委员会的委员、候补委员和省部级主要领导干部学习贯彻习近平新时代中国特色社会主义思想和党的二十大精神研讨班开班式上的讲话指出："进行顶层设计，需要深刻洞察世界发展大势，准确把握人民群众的共同愿望，深入探索经济社会发展规律，使制定的规划和政策体系体现时代性、把握规律性、富于创造性，做到远近结合、上下贯通、内容协调。"认真学习习近平总书记的讲话精神，为我们开展思政课信息化教学提供了重要的方法论指导。开展思政课信息化建设需要洞悉目前信息技术领域的发展趋势；要深刻把握教师和学生对于高质量思政课发展的现实需求；要探索和深入研究思政课教学发展规律；让制定思政课信息化教学改革的政策体现数字技术发展的时代性、把握其规律性，将思政课教师对于信息化建设的创造性发挥出来，实现思政课信息化教学合规律性于合目的性相统一。理论是行动的先导，理论是行动的先导。思政课信息化教学的顺利和高效推进需要学校整合资源，从顶层设计的层面去科学谋划和推进，这要求高校主管教学的领导要准确把握信息化教学的发展趋势，科学分析本校思政课信息化教学存在的矛盾及矛盾变化，通过对信息化教学涉及的数字平台、数字资源等各类重要组成部分合理规划并进行方向引领、建设目标定位、实施路径选择、后续提升计划制定等，推进思政课信息化教学建设不断走向深入。

1.思政课信息化教学需要统筹全校资源

"冲破思想观念的障碍、突破利益固化的藩篱，解放思想是首要的。"思政课信息化建设涉及全校信息化教学改革，牵一发而动全身。学校领导层需要对思政课信息化建设起到统领作用，发挥全校信息化资源集群建设合力，协调推进思政课信息化教学系统工程的实施和落地。思政课信息化教学单从建设主体而言，部分人认为这是马院单一部门的事情，但现实情况是，思政课信息化教学涉及全校各个部门要素，例如，信息化教学需要的数字智慧平台需要学校大数据系统的接入，以便于数据资源的共享；思政课教学需要的智慧教室需要教务部门的合力建设，以统筹智慧教室服务全校信息化教学的多功能使用；思政课教师需要的数字资源需要全校各二级需的共建共享。看似简单的信息化教学建设实则需要调动全校的各部门各类资源的协调合作，没有学校管理层的支持和推动，单靠马克思主

义学院一个部门开展建设，是很难高效科学地推进该项工作。

要发挥党的领导在推动思政课信息化教学中的核心力量。党的领导是中国特色社会主义最本质的特征，是百年来中国共产党奋斗历程形成的十大历史经验之一。学校党委高度重视思政课教学建设，是思政课建设取得重要发展的核心力量。思政课作为这是立德树人的关键课程，必须纳入学校重点建设的课程体系，而且要作为学校的重点课程建设。学校党委在推进思政课信息化教学建设过程中要加强顶层设计，精准把脉，做好思政课信息化建设的发展定位和功能发挥定位，特别是建设什么样的思政课信息化教学，怎样建设思政课信息化教学。建设过程中需要体现学校哪些特点特色，需要建设到哪一个程度，都需要学校党委做明确的建设规划，还要通过召开建设论证会、专家指导会等开展建设的前期准备，明确各其他二级部门在思政课信息化课程建设的分工责任，推动全校优质育人资源向思政课信息化建设领域汇集。

明确学校各部门在思政课信息化教学中的协同参与责任。在前面我们提到思政课信息化建设需要学校各二级部门的参与协助，在实际的操作中可能会出现绝大部分工作都是马院开展，其他部门提供的帮助少之又少的现象。为了有效推动思政课信息化教学的高效开展，学校层面可以通过制度建设和方案制定的形式将需要配合的部门和具体的工作职责以制度化的规范化的形式确定下来，并形成建设路线图和实施标准，确保工作的顺利推进。思政课信息化教学的整体推进首先考虑到信息基础工程的建设，学校 5G 网络的搭建、学校智慧教室的建设、数据管道的改扩建等工作，这些工作需要信息中心、教务处、基建后勤管理部门的协调配合，确保思政课信息化教学资源的上线、信息化教学场地的使用、信息化教学数据的收集和拓展使用的顺利开展；思政课信息化教学形成的数据还需要学校教务处、教学质量管理部门的对接合作，形成全校教学大数据，为后续学校思政课信息化教学提升改进提供数据参考。

2. 思政课信息化教学需要制定运行机制

为了推进思政课信息化教学的科学开展，需要建立运行机制去协调各方力量。制定校级的保障机制需要先讨论"机制"这个关键词，机制一般主要强调事物本身各个部分的组合运行的方式，特别是协调各部分之间的工作关系，协调它们运行的效率，推动各部门高效的运转，实现整体事物的有效运行。思政课信息化教学建设也需要建立完善的运行机制，其中的主体内容应该包括如下几个部分。首先，统一思想，明确思政课信息化教学的重要性和必要性，从思想层面统一全校各方思想，为凝心聚力推进思政课信息化教学提供思想保障。其次，明确思政课信息化教学建设保障机制的主要内容，建设内容涵盖建立思政课信息化教学推进工作领导小组或者建设办，作为项目工作最核心的指挥中心，建设机制要解决信息化教学涉及哪几块内容等。最后，建设机制还要包括建设目标、落实情况、实施记录、合格验收、运行测试等重要内容，还要对建设的人员、资金等做详细规定，确定有完善的框架体制去推进思政课信息化教学的整体建设。机制的建设是多样性的，并没有一套机制可以解决高校思政课信息化教学面临的所有问题，也没有一套机制可以包罗万象实现信息化教学建设的一劳永逸。这里就衍生出一个需要思考的问题，要实事求是地开展本校思政课信息化教学建设，根据学校现有的资源和力量，针对性地开展思政课信息化建设这一重要项目的建设，还要规范各个部门参与的资源配置，保证思政课信息化建设整体推进。

3. 思政课信息化教学需要调动教师的积极性

新中国成立之初，邓小平同志曾说过："我们共产党有一条，就是要把工作做好，必须先从思想上解决问题。"思政课信息化教学实施的主体是教师，要把这项工作做好，必须先从思想上调动教师的积极性，这点是毋庸置疑的。部分思政课教师会有这样的思想认知，"我又不会技术、又没有教学管理的执行权力，我是不是不用参与"。事实上，在未来的教学中，思政课教师是学校数字思政智慧教室、思政课信息化教学工具、数字马院功能的主要使用者，必须要有教学"主人翁"的态度和精神。在信息化教学建设初期，思政课教师要充分发挥参与建设积极性和主动性，根据思政课信息化教学实际需要提出适合思政课群体信息化教学的建议和意见，经验丰富的教师可以通过多年的实践经验去优化信息化教学建设的理念，实施的路径等，通过集体的智慧去推进信息化教学走向更加科学的发展轨道。托马斯·萨乔万尼在《道德领导——抵及学校改善的核心》一书中强调："管理本身就是充溢着道德与价值的活动……尤其是关涉到人的成长和发展的教育管理，根本上而言不可能没有基本的价值立场和道德取向。"发挥思政课教师在信息化教学中的主要作用，需要建立在尊重友爱的工作氛围基础上，激发思政课教师的个体能动性和育人情怀去投入信息化教学研究与实践。

发挥思政课教师在信息化教学建设中的能力和积极性可从以下几方面去探索。一是将思政课教师参与信息化建设纳入日常工作指标。教学管理者可以把信息化教学整个建设工作按照马院教师配比进行任务切块分配，按照系统要素的形式，将整体任务以小任务切割的方式落实到具体的教研室或者团队教师名下，每一位老师都有自己相对应的工作和职责，例如，"信息化教学理论研究团队""信息化教学实践运用团队""信息化教学技术保障团队""信息化教学资源整合团队"等，以个体推动团队，以团队提升个体，让每一位思政课教师都参与进来，激发教师的"主人翁"精神和教育情怀。二是将思政课教师参与信息化建设纳入绩效考核体系，鼓励思政课教师开展信息化教学创新建设，对产出的优秀的信息化教学成果实现专项奖励并建立推广政策，将优质的成果向全校推广，形成各个课程之间的良性竞争，为营造全校信息化教学氛围奠定良好的基础。三是推出思政课信息化教学配套的课题研究、信息化论文征集等相关辅助活动，引导思政课教师深入研究信息化教学，特别是在一些信息技术基础雄厚的高校，马院可以借助学校在技术方面的优势和影响力举办全国性的思政课信息化教学研讨会、观摩会等，为激发教师投身信息化教学提供研学氛围。四是坚持开展思政课信息化教学建设的试点工作，从点线面开展该项工程。思政课教师队伍的信息化教学能力客观上存在不一致性，如果一开始就按照统一标准去要求所有思政课教师开展信息化教学，可能会忽略掉每一位老师的个体教学背景还有实际的运用能力，会产生"一刀切"的现象。为了鼓励全体思政课老师使用和推广信息化教学，可以先选拔部分优秀的老师作为典型示范对象。通过他们的信息化教学实践总结出信息化教学的一般经验，再以此作为经验蓝本给其他老师进行学习培训，增强老师运用信息技术开展教学的信心，为在马院全面推广信息化教学提供"点"的实践基础和经验总结，正如邓小平同志说的："我们不靠上帝，而靠自己努力，靠不断总结经验，坚定地前进。"

二、提高思政课信息化教学改革研究的力度

创新是有机会有目的的活动，马克思曾指出："人懂得按照任何一个种的尺度来进行生产，并且懂得处处都把内在的尺度运用于对象；因此，人也按照美的规律来构造。"思政课信息化教学不仅是教师提升教学的现代性问题，同时也是思政课教学领域重要的改革问题、创新研究问题。教学和科研不是非此即彼，也不能混为一谈，两者之间既有明显的区别也有紧密的联系，思政课信息化教学要有高质量的发展离不开科研的推动和辅助。马克思在《关于费尔巴哈的提纲》中指出："人的思维是否具有客观的真理性，这并不是一个理论的问题，而是一个实践的问题。人应该在实践中证明自己思维的真理性。"对于思政课信息化教育研究，我们需要从实践去理解其指向的多重疑惑，并从实践的维度去确证思政课信息化建设预设的目标达成情况。例如，思政课信息化教学的内涵式发展是何种发展；思政课信息化教学内容的建设涉及哪些重要的要素；思政课信息化建设的过程要素有哪些；思政课信息化建设的指导思想和理论借鉴有哪些；思政课信息化建设的标准实施是如何建立，诸如此类的问题还有很多是需要思政课教师去创新研究和实践突破。

1. 成立思政课信息化教学研究中心

有科研基础条件的马院可以成立思政课信息化教学研究中心或是研究基地，将其作为思政课信息化研究的主阵地和智库来源，研究中心主要负责的工作是为马院及学校管理层提供信息化教学的建设依据，通过研究思政课信息化建设的要素、条件、制度机制，为思政课信息化建设精准把脉，形成科学的建设规划和实施计划，有步骤有依据地推进该项工作。此外，研究中心还肩负信息化教学成果检验和推广应用工作。对于思政课信息化教学实施过程中产出的阶段性成果，研究中心要及时地推广运用，通过实践的反复检验凝练出其内在的规律，提出合理有效的建议，以否定之否定的辩证思维去推进思政课信息化教学的科学发展。此外，按照研究中心一般的建设思路，研究中心要配齐基础设备、人员、经费，要建立运行的规章制度等，以完整的研究中心模式去开展工作，而不是为了成立中心而成立中心。为了让该研究中心更有质量地运行，可以从内在发展要素和外在影响力的提升两个方面去重点打造。一是依托学校或者马院重大活动定期开展思政课信息化教学发展论坛，邀请区内外具有丰富信息化教学的名家、教学能手进行专题讲座，分享思政课学科前沿的信息化运用案例和成功的经验做法，还可以主题的形式定期举办系列活动。例如，"让教学活起来——思政课信息化教学发展研究"；"思政加技术——共同促进区内外思政课信息化教学的交流与发展""数字创新赋能思政课实践教学新业态""思政课数字资源建设的多维视角"等，围绕思政课信息化教学新模式、科学技术赋能思政课教学等方面展开专题研讨。二是开展思政课信息化教学示范课展示活动，在校内遴选部分优秀思政课教师开展信息化教学展示活动，对内向外展示马院教师在信息化教学实践中凝练的优秀经验和主要做法，强化内部教师的教学探究和外部同行的借鉴交流，实实在在地推动思政课信息化教学横向对比，纵向发展。

2. 组建思政课信息化教学研究团队

研究中心的成立是基石，研究团队是支撑研究中心的骨干和核心，思政课信息化教学研究中心需要配齐研究团队成员。在研究团队的搭建上要精细安排，例如，研究成员的学历职称、专业背景、研究经历、年龄结构等，思政课信息化教学研究涉及马克思主义理论、教育学、社会学、管理学、信息技术学等相关领域，在研究人员的选择和安排上要侧重专业背景的相关性。在职责上，要形成研究团队明确的分工和任务要求，通过绩效分配考核来调动研究团队成员的研究积极性；通过设立专项研究经费来支持团队成员外出调研、参加学术会议，邀请省（区）内外行业专家指导等，确保研究团队阶段成长。按照一般研究团队建设经验，首先，研究团队成员老中青搭配为宜，研究中心成员按照不同的要求需要合理的人员配置和分工，助教、讲师、副教授、教授等职称比例要合适，避免两种极端配置的出现，一是年轻教师居多，虽然精力和热情充沛，但是由于授课时间和研究经验不够丰富，很难深入把握思政课信息化教学领域的核心问题、关键问题；二是年长的教师居多，虽然年长教师在授课经验和研究领域有深厚的功底，但是很多调研活动的开展和数据的整理还是需要年富力强的青年教师去完成基本工作，去协调和处理各种临时性工作，让年长的教师有更多的精力和时间去开展研究的指导工作和重大问题的建设性把握工作等。其次，研究团队成员应该具备丰富的教学经验。思政课信息化教学始终是以教学为基础的研究，长期从事思政课教学工作的教师会有一线教学经验，特别是会和学生走得很近，能够从学生的视角出发去理解思政课信息化教学存在的问题，也会根据学生信息化教学过程的行为习惯去理解和研究这些问题。如果脱离一线教学去单纯研究思政课信息化问题只会陷入以问题解释问题，以文本解释问题，以惯性思维去理解惯性问题的漩涡，正如马克思在《关于费尔巴哈的提纲》中提道："哲学家们只是用不同的方式解释世界，问题在于改变世界。"思政课信息化教学研究团队的目的不仅仅是为了解析信息化教学，还要从实践的角度去改变信息化教学的实现方式、呈现的效果，最终服务立德树人这一根本任务。

另外，教学经验丰富的教师会接触到各种各样的教学形态，也会看过各类型的教学案例，其教学阅历能够支撑其教学理念、教学模式的时代发展，并从经验的层面快速地辨析信息化教学中面临的问题，这是年轻老师所欠缺的成长经验。最后，研究团队成员研究分工合理。思政课信息化教学涉及到的模块和任务较多，每一位研究成员之间应该协调好各自负责的模块和研究的细分领域，做到交叉研究，互补研究。例如，有的研究员负责研究思政课信息化的平台问题；有的研究员负责研究数字资源的整合优化问题；有的研究运用路径问题；有个研究效果评价问题等。通过研究领域的细分再按照思政课信息化建设的逻辑框架串联起来进行综合论证研究，既能保证思政课信息化教学的每个环节都有人研究，也能在相互支撑上做到互补。

3. 设立思政课信息化教学研究课题

思政课教学研究需要通过设立专项课题作为持续研究和开展的依托。一般情况下，很多校级课题、市厅级、省部级的教改课题在课题申报项目中会罗列和思政课信息化教学相关的课题指南选项，也有的学校会单独为信息化教学做专项课题，研究中心可以将与信息化教学相关的课题申报指南汇总起来，通过分析研究中心人员的研究经历和成果类型，有针对性地安排研究成员去申报课题；如果相关课题中缺少这类型的课题选题，可以通过和学校科研管理部分合作的方式设立思政课信息化教学专项招标课题或者一般申报课题，满足研究中心成员和其他非研究成员的科研需求。因为课题研究会满足教师职称申报中关于成果的需要，会有很多老师会有兴趣和积极性去申报和研究，一来可以营造思政课信息化课题的申报氛围；二来可以让更多有兴趣的教师借助课题项目参与到这个研究领域，让课题研究形成良性竞争氛围，更有助于研究团队成员的科研产出。

对思政课信息化教学感兴趣的老师可以关注各大课题申报和公示名单，了解各高校在开展信息化教学中好的经验和做法。例如，从"高校数字思政精品项目（第二批）拟立项名单"可以看到部分高校思政课信息化建设的方向。例如，华北电力大学的"立足行业特色构建'电力之光'数字思政资源库建设"；安徽大学的"基于安徽省数字思政智慧平台的思政教学资源数字化建设和共享研究"；同济大学"高思政微视频资源库建设"；内蒙古大学"内蒙古红色文化数字思政资源共享平台建设"；兰州财经大学"劳动铸就梦想：马克思'劳动价值论'数字教学资源系统开发与应用"等。此外，教育部公布2023年度高校思想政治理论课教师研究专项一般项目立项结果，共有206项批准立项，其中不乏思政课信息化教学类相关的课题。如，高校思政课微电影"九步三循环"实践教学模式创新研究；教育数字化背景下高校思政课深度学习"五轮驱动"教学模式研究；人工智能技术深度赋能高校思政课教学的实践路径研究；"数字思政"视域下高校思想政治理论课实效性研究等。

三、增强思政课信息化教学建设的运用适应性

"持续推进现代信息技术与思政课教学深度融合，其目的在于实现思政课教学方式中的两个转变：一是将传统的以知识传授为主的教学方式转向以能力培养和素质培育的教学方式转变。二是将知识传授、能力培养和价值塑造三者融为一体、不可割裂，要寓价值观引导于知识传授和能力培养之中，帮助学生塑造正确的世界观、人生观、价值观。唯其如此，才能够真正发掘现代信息技术与思政课教学的深度融合点"。思政课信息化建设并不是为了体现教育紧跟时代潮流，也不是为了机械地套用信息技术"求新求异"，而且借助信息技术更好地育人。思政课信息化教学应该回到思政课育人的本质上，让思政课教学内容借助信息技术的力量更好地塑造青年大学生的世界观、人生观、价值观，更好地辅助教师讲清楚道理，让学生从道理中明白人生的意义价值，明白自己肩负的家国担当，将党的创新理论化作实践能力更好地服务和回馈社会，助力实现中华民族的伟大复兴。马克思主义认为，矛盾是推动事物发展的动力，技术为思政课教师提供动能时也由此衍生另一个现

实问题，有了信息技术的介入，思政课教师的理论讲授是否会比非信息化教学具有更好的效果，学生完成教师课堂教学后是否对知识更有触动和领悟，整个思政课教学的评价质量是否因为信息技术手段的介入而有明显的提升，这都是思政课信息化建设过程中衍生的现实问题，也是要思政课信息化教学研究要持续关注的方向。

1. 思政课信息化教学建设要符合学校思政课教学实际

思政课信息化教学投入大量的人力成本和财力成本就会获得比以往教学更好的效果？这是很多思政课教师在进行信息化教学研究与实践前的疑惑和思考。事实上，对于这个问题的解答需要回到信息化教学的评价指标本身。如果单纯从学校信息化建设的硬性指标来看，建成的思政课数字智慧平台、数字马院、思政课数字教学资源库、虚拟仿真思政课教学体验中心等项目确实从直观表现看达到了发展的硬性要求。但是如果从软性环境看，思政课信息化投入的建设在教学上是否推动了思政课教学模式的转变，是否改变了师生教学互动的形式，是否增强了思政课教学亲和力和实效性，师生信息化素养是否提升等，这些问题都是基于信息化教学的软性设备和软性功能的发挥上看。事实上，评价高校思政课信息化建设效果不可能只从一个维度去衡量，基本上都是多层维度的审视和评价。一切从实际出发是马克思主义认识论的具体体现和科学世界观的根本要求。作为教学改革项目，思政课信息化教学建设的着力点和方向应该是从本校思政课实际需要这个最现实的要素出发。

一是符合学校整体信息化建设的发展规划。对于很多实力较强的高校而言，在内涵式发展上和一流高校存在较大差距。部分学校希望通过数字时代信息技术在教学上的运用实现思政课教学的弯道超车，不断缩小与头部高校在教学上的差距。但事实上，高校思政课信息化建设不能孤立的作为一个马院、一类课程的教学信息化技术提升项目去完成，必须是放置在和学校其他课程信息技术提升同步发展的大环境中去推动和前进。例如，如果学校的数字技术环境没有营造起来，智慧教室也没有完全形成规模化运行，只是单独加大对思政课单一课程的信息化教学的投入，从学校层面讲，很难产生发展合力。最多也只是表现为学校购置和安装大量的高科技产品在教室里，希望思政课教师能利用这些高精尖技术开展思政课教学，但往往出现的结果是教师很难适应和驾驭这些新的技术，学校的各项系统也很难兼容这些软件，大规模的班级也很难在仅有的几个高精尖智慧教室里开展大规模的线上线下授课，这些问题都是需要纳入思政课信息化教学考虑的范围。总而言之，思政课信息化教学的建设要体现学校的实际情况，要评估和综合学校各项信息化技术的运用水平和程度，不能盲目上马，不然最终沦为只是外在做了信息化教学，而内在却无信息化的灵魂。二是符合教师信息化教学能力的适应范围,很多高校思政课教师在以往的教学中只是掌握了简单的信息化教学能力,随着教育技术发展的形式越来越尖端,随之而来的就是技术的使用越来越具有复杂性,各种数据分析、图表呈现、图像抓取、多维视频轮换等功能让思政课教师"手忙脚乱",一节课下来,信息技术是使用了很多种,但是老师和学生都在忙于服务技术,完成技术的使用和结束。却丢掉了教学的本真和根本任务应该是实现师生在知识上的交融,在情感上的共鸣,最终实现预设的教学目标。所以,思政课信息化教学的开展脱离不了思政课教师现实的技术驾驭实力和信息化教学内容的思维和处理能力,要在教师适应性的区间内合理地使用信息化技术,或者使用的信息化技术要让教师跟上技术的部分,产生新的适应空间。三是符合学生的学情适应特点。高校推进思政课信息化教学建设要重点关注学生对于信息化教学的适应性,学生是否适应学校建设的信息化教学环境,学生是否适应教师采用的最新技术,学生是否在教学过程中感受到技术带来的教学压迫感等,如果不对学生是否适应信息化教学进行分析,就会产生学生与技术之间的隔阂,并产生消极的情绪对立。

2.思政课信息化教学建设要有利于丰富学生的精神世界

党的二十大报告提出"物质文明和精神文明相协调"是中国式现代化的基本特征,"丰富人民精神世界"是中国式现代化的本质要求。信息技术在教学中充当的是作用,思政课信息化教学和丰富学生的精神世界并不是一步到位的直接转换过程,技术在其中起到了连接、转换的功能。在以往的实践中,我们更多关注的是技术的运用形式,其实从深入分析来看,思政课信息化教学可以帮助教师将晦涩难懂的理论教学变得更加生动有趣,将理论的知识以数字转换的形式融入学生的感性思维中,还能化身为形式有趣的虚拟现实场景,让学生享受更加符合年轻人喜好的理论味道,将理论的形与理论的质变得更加生动活泼,进而实现入脑入心,丰富他们的精神世界。其次,思政课信息化教学可以将大量的知识经过整合加工,按照学生的认知逻辑去呈现,抓住学生的认知喜好和接受习惯,涵养学生的精神世界,学生也可以通过数字思政平台自由学习,带有人工智能技术的思政数字系统会根据学生的浏览路径、喜好抓取推动更多相关的正能量资源供给给学生,让学生在数字环境里吸收更多正能量,淬炼学生的思想品德。正如习近平总书记指出的:"共产党人要把读马克思主义经典、悟马克思主义原理当作一种生活习惯、当作一种精神追求,用经典涵养正气、淬炼思想、升华境界、指导实践。"思政课信息化教学就是为了让学生更容易地接受马克思主义理论的学习,让马克思主义理论的输出形式更加贴近学生的学习习惯,进而有效地入脑入心。

3. 思政课信息化教学建设要注重效果的评测反馈

没有反馈的教学很难有成长的生命力，部分高校在推进思政课信息化教学建设过程中，容易忽略师生或者第三方对思政课信息化教学质量和效果的反馈。思政课教学效果的检测本身也是教改过程中的一个难点和堵点，要打通这个堵点需要建立完备的检测机制去实现，这也给思政课信息化建设的后续发展带来了新的研究方向。对思政课信息化教学的效果检测可以围绕以下几方面展开：一是学生的真实反馈。学生对于思政课信息化的评价往往比较真实的说明问题，虽然学生不会站在思政课教学改革的立场去高谈技术变革教育的意义和时代性，但是学生会用自己上课的感受去表达教师信息化教学的效果，这是最真实也是最有代表性的回应，这也是从"以学生为中心"的教学立场去实现教学监测最后环节的意见表达。二是教师本身的使用效果反馈。思政课教师本身是信息化教学的主导者、实施者，思政课教师可以对信息化教学使用的过程进行量表分析，通过系统设定的指标自测自己是否完整地呈现出思政课信息化教学应该达成的效果目标。三是系统检测，市面上大部分智慧教学系统都会带有评测功能，为了避免学生或者老师对信息化教学效果的主观评价、随意评价，思政课数字智慧平台系统可以利用智慧教室的移动监测功能、师生课堂行为捕抓功能、任务目标实施点监测功能、师生教学画像生成功能等辅助功能形成完整精准的教学效果评价报告，为教学管理部门对思政课信息化教学的整体质量作出评价提供全方位的数据依据。不管是采用何种方式去检验思政课信息化教学效果要坚持两个关键原则。其一，坚持以学生为本，思政课信息化教学评价过程要注重学生的成长性，师生教学的相长性，切勿在评价过程中制造师生教学关系的对立，在效果评价的归因上产生师生隔阂。其二，以育人为道，技术为用的原则。思政课教师和其他教师群体一样，教书育人的目的是培养德智体美劳全面发展的社会主义建设者和接班人。在教学过程中必须坚持育人为本、德育为先，帮助学生在人生成长的道路上扣好自己人生的扣子。教师在技术使用过程中要平衡技术的形式与育人的目的两者之间的关系，技术在其中充当的只能是辅助的作用，不要过于包装技术形式、追求技术新意，而忽视了教学中对人的培养，从追求技术的"新"到回归教学的"人"，这是基本的原则。

第三节　增强思政课教师信息化教学能力

马克思和恩格斯指出："作为确定的人，现实的人，你就有规定，就有使命，就有任务，至于你是否意识到这一点，那都是无所谓的。这个任务是由你的需要及其与现存世界的联系而产生的。"思政课教师肩负育人使命，在课程教学与改革中要肩负守正创新的职业使命，信息化教学是思政课教师适应当前教育环境的必然选择。此外，2008 年，联合国教科文组织正式颁布了《面向教师的信息与传播技术能力标准》(ICT Competency Standards For Teachers)。该标准指出，要在这个日益复杂、信息膨胀的知识型社会中成功地生活、学习和工作，学生和教师必须学会有效地利用技术，2023 年 3 月，我国科技部会同自然科学基金委决定启动"人工智能驱动的科学研究"专项部署工作，将推动人工智能技术在社会全领域的发展，深刻改变当前的社会环境。技术的迭代发展和升级改造工作已经成为现代化发展的趋势，思政课教师在教学中使用技术已经成为时代的趋向，也是教师教学能力的直接体现。

2022 年教育部颁布《教师数字素养》作为教育行业标准，提升教师利用数字技术优化、创新和变革教育教学活动的意识、能力和责任。思政课信息教学质量高低，效果好坏，思政课教师是关键主体。部分学校在信息化教学的硬件建设上投入了大量的人力、物力、财力，却往往忽略了教师才是决定信息化教学实施效果的重要决定因素，要抓住这个事物的核心才能"借力""用力"实现思政课信息化教学高质量发展。在前面我们也提到了思政课教师信息化教学能力是一项综合性、系统性的能力，不仅仅体现在会用信息化技术这个简单的维度上，还包括着思政课对信息化教学的理解能力、认知建构能力、分析再造能力、创新创造能力等，也就是对思政课信息化教学从开展前到结束后的所有环节都有研究分析、使用和处理反馈的能力，对思政课教师而言是一个巨大的挑战，同时也是新时代高校思政课信息化发展必须要具备的综合能力之一。基于此，思政课信息化教学改革的着力点就必须将思政课教师信息化教学能力这个关键要素摆在重要位置。

一、提高教师信息化教学的运用能力

思政课信息化教学能力是思政课教师主体素质的创新体现。何谓主体素质，主体素质即作为施教活动主体的思想政治教育者为有效地实现自己所担负的主体性功能所具备的一系列条件的总和。思政课教师对信息化技术的掌握能力需要表现在对基本技术的运用是否游刃有余，教师是否可持续地掌握技术本身的使用特性，并运用合理的服务自我教学。从关键词的分析看，运用能力不仅只表现在从课堂展现出的使用过程，还应该从运用技术的理念、运用技术的方法、运用技术的心理表现、运用技术的过程态度、运用技术达成的目标、运用技术实现的效果等重要环节。例如，在参观虚拟仿真思政课公开课时，我们发现部分老师基本是根据虚拟系统的语音介绍和画面的自动切换来引导学生去学习，很少会加入自己对整个虚拟仿真场景的自我建构的认识思维和创新路径，也不会主动将庞大的虚拟场景重新整合，按照课本知识的要点去串讲，基本上就是教师打开虚拟教学系统，借助系统"虚拟教师"的授课路线图，让学生跟随系统模式开展体验教学，过程中教师理论讲授的时间被压缩，体验的时间被延长，理论与实践之间产生空间隔阂。其产生的结果是，教师运用虚拟技术创造性开展教学活动的思维还不够拓展，仅局限于技术的"有"和教师的"会"，虚拟技术与教师之间存在巨大的隔离感，教师主导课堂的节奏完全被虚拟技术的智能"教师"带着走，成为了教学中的"异化"现象。这也就是目前技术批判视域中，技术给教育带来的负面影响的体现，技术本身是基于提高教学效果而被教师和学生使用，但事实上教师和学生被技术"带着走"，主客体之间形成错位反差，体现不出教师运用技术服务教学的主导性。

1. 运用的技术较为单一

思政课教师信息化教学能力提升的重要体现为老师可以将不同分散的信息技术手段综合地运用于同一节课中，并且能重点突出地使用部分技术来开展教学，个别思政课教师在信息化教学中存在使用技术过于单一的倾向。譬如，信息技术手段仅出现在教学开始之前的签到考勤阶段；或者出现在课程结束后的点评互动环节。还有的表现在自始至终过度使用某一个技术开展教学，学生对该技术的使用已经产生了"厌倦"心态，但是老师并没有察觉学生对于技术手段使用的适应心理过程和表现，仅是从教师使用的便利性角度去考量是否继续使用该技术。事实上，在深入讨论这个问题之前，要先对"单一"作出一个范围界定，这里所说的单一主要是指教师在整个课程周期内容使用技术开展思政课教学的技术形式过于简单，或者表现为只有1—2种技术的反复使用而没有更新或升级；也可以表述为同一个"复合形技术"，教师只是使用了其中一小部分的技术，并没有全部地激发整个技术的功能形态去服务整个教学。简言之，就是教师没有深入地研究使用一个技术类型的全部功能，只发挥了其中一块技术特性。

2. 运用过程过于关注结果

还有部分思政课教师在使用信息化技术开展教学的过程中比较在意结果的数据反馈，导致学生使用技术开展学习或者完成任务的过程性数据和成长性数据的关注度不够高。事实上，教师在信息化教学的整个安排和教学设计的思路上还是没有形成新的教学理念思维，还是以较为传统的结果论为评价前提，关注结果产生而忽视了结果产出的过程中，学生对于信息化教学的吸收效果和认同效果。这就需要教师具备反思性实践思维，何为反思性实践？反思性实践最早由美国麻省理工学院的哲学教授唐纳德·舍恩提出，它认为："反思性实践指教师在实践后进行反思，通过运用经验中培育的默会知识展开问题的反复建构和思考，以求获得问题的有效解决。"通过实践过程的反思去改善下一次实践的思路和策略，这个思维在思政课教学中也同样适用，美国教育学家约翰·杜威（John Dewey）也提道："教师作为反思性实践者，在课程建设和教育改革中能够成为发挥积极作用的专业人员。"这也给思政课教师信息化教学指出了改进的方向，在关注信息化教学结果的同时要多关注学生学习过程的成长性，通过技术的数据抓取功能和行为轨迹分析功能，建立学生学习过程的行为图像和表现图谱，通过大数据智能分析找出学生在教师信息化教学过程中的"兴奋点""疑惑点""安静点"，分析学生的喜好，总结学生的思考疑惑，发现学生的安静之处的原由，为下一次信息化教学提供改进依据，实现信息化教学的师生共长。

3. 技术的运用和融入的过程较为"生硬"

课题组成员在各地高校学习交流过程中发现部分思政课教师其实是掌握了很多教育领域先进的技术手段，也具备了独立开展信息化教学的思维和能力，但在具体的思政课教学中，部分思政课教师将信息化技术融入思政课教学的过程较为"生硬"。这种生硬主要体现在对技术融入教学过程的时间点把握较为"生硬"；技术与知识结合的方式较为"生硬"。例如，我们在 Y 学校马院进行听课时候，就观摩了一场思政课信息化教学公开课。在开展教学互动过程中，老师为了营造信息化教学的多样性和亮点，一些技术的运用较为突兀，一会儿是视频连线让学生和专家互动，一会儿又是钉钉问答，让学生快速上传答案，一会儿又是某 APP 投票选人等，学生在手机上多次切换教学软件，课堂节奏非常快。在整个过程结束后，学生其实没有通过整个信息化教学过程去掌握教师抛出的知识点和内容。

4. 思政课信息化教学游戏化、娱乐化的倾向

在思政课信息化教学过程中，部分教师为了迎合学生的兴趣和吸引力，会选择一些具有游戏化、娱乐化倾向的技术手段和内容来开展教学。这种倾向可能会导致学生在学习过程中只关注游戏和娱乐的环节，而忽略了思政课教学的实质内容和目标。例如，有些教师在教学过程中过度使用动画、音效、互动等手段，使得学生的学习注意力完全被这些游戏化元素所吸引，而忽略了课程本身的知识点和教育意义。同时，这种倾向也可能会让学生对思政课产生错误的认知，以为思政课就是一门轻松愉悦的课程，从而失去对思政课的敬畏感和重视程度。为了避免这种情况的发生，思政课教师应该时刻关注学生的反馈和表现，及时调整自己的教学方式和手段，确保学生在学习过程中能够真正掌握到课程的知识点和教育意义，同时也能够提高自己的学习能力和素质。

此外，泛娱乐化思潮也会对信息化教学产生影响。泛娱乐化思潮指的是一股以消费主义、享乐主义为核心，以现代媒介（电视、戏剧、网络、电影等）为主要载体，以内容浅薄空洞的方式，通过戏剧化的滥情表演，试图放松人们的紧张神经，从而达到快感的一种文化现象。个别年轻教师在开展思政课教学时，对技术手段使用的边界感存在弱化和泛化现象，过于追求学生喜爱的"热闹形式"，将教学与技术的结合当作"游戏化""娱乐化"的形式在开展教学，必然产生教学效果的游戏化、娱乐化倾向。例如，在虚拟仿真思政课教学中，有些公司为了迎合当前学生的生活和学习喜好，大量模仿虚拟游戏环节，采用虚拟人物对抗、虚拟游戏升级换装备的形式植入思政课虚拟仿真教学互动中。

二、提升思政课教师信息化教学的创新力

创新是发展的第一动力，思政课教师要不断推进教学方法、教学理念、教学技术的创新，特别是数字时代信息化教学的创新发展尤为重要。思政课信息化教学本身就是对过去教学形式的一种改造和创新，这种创新主要是对教师教学原有的形式思维的创新，让思政课教师掌握更多的教学方式和教学思维，让教学内容的输出有了新的呈现载体，满足新时代"05后"大学生的学习需求和习惯。此外，这种创新还是对现代信息技术发展的时代回应。马克思主义认为，时代的发展不以人的意志为转移，但是人可以发挥能动性去利用时代的条件和机会来实现自身的发展。思政课信息化教学的守正创新要跟上时代发展的步伐和节奏。总的来说，推动思政课教师在信息化教学上创新要从思维创新上提升，从技术形式创新上努力，从技术操作的实践上完善，从教学内容与技术融合的过程上突破。

1. 思维意识上的守正创新

思政课是立德树人的关键课程，思政课改革要坚持守正创新。对于思政课教师而言，要弄清楚两个基本问题，一是何为守正；二是何为创新。守正强调的是坚守真理，坚守正道。思政课教学要坚持马克思主义基本原理不动摇，坚持党的全面领导不动摇，坚持中国特色社会主义不动摇的基本要求。创新就是勇于探索、开辟新境，敢于说前人没有说过的新话，敢于干前人没有干过的事情。在思政课教学中，我们经常鼓励学生要创新，特别是要树立创新意识，要在实干担当中夯实创新基础，增强创新能力。但是反过来看下思政课教师在教学创新上的意识和能力是否跟上时代的发展，这是值得反思的问题。面对信息技术的迭代发展，思政课教师是否做好了信息技术授课的创新准备，面对技术赋能思政课，思政课教师是否有处理技术与教学之间矛盾的创新方法，特别是上升到个体的创新思维层面，这对很多思政课教师来说是一个认识上的改变和挑战。诸如此类的问题和思考还有很

多，都深刻地考验着思政课教师的创新思维。教育数字化是我国开辟教育发展新赛道和塑造教育发展新优势的重要突破口，思政课教师必须形成创新思维，在教学实践中去抓住教育数字化、教学信息化的突破口，实现思政课教学守正创新。

2. 技术运用上创新

1933 年初，著名教育学家陶行知先生在上海大夏大学发表的《创造的教育》演讲中就明确指出："教育本身要有创造精神，要有创造性，绝不能'依样画葫芦'，否则'就简直太无聊'了。"随着信息技术的发展，思政课教师要学会并熟练掌握信息技术开展教学，这种运用创新可能不局限于只是认识和了解技术的基本功能，更强调在运用过程上的创新。譬如，借助技术去实现教学的远程参与；借助云端技术为学生提供精准的学习资源的推送。再如，运用虚拟仿真能技术解决了学生对于理论抽象化的问题，借助虚拟仿真的三维空间构图立体呈现马克思主义在中国的传播过程，演示了中国共产党传播马克思主义的历史演进路线，让学生清晰地把握真理传播的时代路径，使得枯燥的理论知识变成形象的画面知识，更能让学生记住思政课教学知识。或者，思政课教师通过数字沙盘游戏，让学生分组模拟湘江战役作战图中的敌我对抗局势，通过学生云上选择角色，开启在线模拟作战，体验红军战士奋勇杀敌，攻坚克难的革命精神。还有的老师利用全息投影技术模拟 1949 年开国大典的现场图，让学生"触摸"历史，走进中华民族站起来的历史光点，感受中国共产党领导全国各族人民取得革命胜利建立新中国的辉煌历史。例如，北京理工大学马院的教师让学生们"亲眼见、亲身感"：在党的二十大胜利闭幕当天，带领学生走进思政课的虚拟仿真课堂，分享她在学生阶段于当时的国家级贫困县——云南省南涧县的所见所闻，带领学生用 VR 眼镜身临其境地体验大凉山"悬崖村"从藤梯到钢梯的上学路变化；在西南财经大学，同学们可以头戴 VR 头盔变身为"红军战士"，进入"飞夺泸定桥"的虚拟战场，在枪林弹雨中冲锋陷阵；兰州大学制作《论中国共产党历史》有问必答"短视频 100 部、甘肃红色故事 100 讲……记者调研发现，随着数字化技术与大思政课建设的加速融合，这些新颖、鲜活、互动性强的教学方式，深受学生喜爱。

技术运用的创新是基于学校信息化教学环境和思政课教学技术的成熟度，对于没有这些技术的高校而言，思政课教师可以利用免费的技术小程序开展教学活动，先从基础的技术软件开始，再慢慢过渡到大型的技术设备，或者和学校其他专业系部合作开展信息化教学，借助其他二级学院的教育信息技术开展思政课教学活动。例如，有些二级学院会配套很多专业课虚拟仿真操作系统，思政课教师可以在二级学院的虚拟仿真操作车间开展移动思政课信息化实践教学，充分挖掘学生专业的信息技术优势，结合思政课教学共同完成

"大思政课"教学。

3.思政课教师积极投身信息化教学创新实践

实践是检验真理的唯一标准，思政课信息化教学和其他课程信息化教学一样都需要经过反反复复的努力和实践，在实践中检验思政课教师信息化教学的创新意识和创新能力。掌握信息技术开展教学可以为教师发展提供新的机遇，但是部分老师只停留在信息化教学的思考及想象的层面，总觉得自己没有完全掌握信息化技术，也没有很多地掌握思政课信息化教学的核心要义和实践指向，思想层面的顾虑和担忧较多，使得思政课信息化教学始终停留在教学设计的图纸中没有形成可操作可复制的教学实操和经验。思政课教师要多参与信息化教学的实践活动，要多和学生一起完成信息化教学活动设计和开展，至少在创新教案、创新教学设计、创新教学互动上做到既契合学生数字化生活空间的环境需要，又能展现出教师对信息化教学的独特理解而有所突破。学生是数字原住民，他们对时下流行的网络技术颇有研究，往往在技术使用上是我们的"老师"。美国学者玛格丽特·米德高度概括文化与传承中的一个现象，提出"后喻文化"的概念，即在现代通信、交通和技术革命的迅猛发展下，长辈只有虚心向晚辈（年轻人）学习，利用他们广博而新颖的知识，才能建立起一个有生命力的未来。这意味着数字素养的形成不仅需要单方面自上而下的教导，更需要不同角度、不同角色、不同层次的真诚对话与共同建构。通过和学生一起去探究合作完成信息化教学，从学生的视角去进一步丰富信息化教学的内容，以学生的立场去架构信息化赋能思政课教学的模型图，让学生从熟悉信息化环境到真地融入教育信息化的内容，也让思政课教师在和学生共同学习中实现教师主体的自我成长。

一、推进教师信息化教学的进修培训

马克思在《1844年经济学哲学手稿》中指出："工业的历史和工业的已经生成的对象性的存在，是一本打开了的关于人的本质力量的书，是感性地摆在我们面前的人的心理学。"从技术的发展可以推进人的本质力量的发展，思政课信息化教学考验的是教师教学中人的主体力量的发展。对思政课教师进行培训是常态化工作，一般在高校中，不管是马院还是学校教学发展中心，都会安排思政课教师进行专场培训，设计的内容如下但不限于这些：师德师风培训、思政课教师专业素质能力培训、思政课教学与科研专项培训、思政课教师实践教学培训等，单独对思政课教师进行信息化专题培训也是常态。有的学校是放在全校信息化教育教学培训大类，例如，广西教育发展研究中心主办的2023年职业院校教师素质能力提高计划—职业院校教师信息化教学能力提升网络研究班；全国职业院校信息化教学能力提升研究班；还有的学校依托国家教育行政学院等平台举办"数字素养教学能力提升高级研修班""数字分析与教学技能培训研修班"开展教师信息化教学培训。还有的学校是针对马院的专门培训中设置信息化教学的部分内容进行整体打包培训。例如，西南大学设立思政课程与课程思政教学能力提升专项计划、数字素养教学能力提升计划、青年教师教学能力提升计划、教学有待提升教师帮扶计划等四大培训项目；广东轻工职业技术学院组织全国思政课骨干教师参与 2019 年首届全国高职高专院校思政课信息化建设专题培训会等。

1. 定制专门的思政课信息化教学研修班，从信息化理念到实践全过程系统培训

思政课教师信息化教学在部分学校管理者看来是思政课教师本身的技能问题，不需要学校层面去组织培训。但是，从现实层面看，很多高校马院在招聘思政课教师时一般重点关注老师的学历职称、过往求学经历、教学科研业绩成果等，很少会有领导专门针对思政课信息化教学能力这个要素进行招聘说明。也就是说，对于很多从学校到学校的思政课新教师而言，他们的掌握和处理信息化教学的能力是不强的，甚至有些老师还没有接触过信息化教学，只是用简单的 PPT 进行基础教学。在入职马院后，如果没有马院或者学校层面专门组织教师培训，思政课教师的很多技能锻炼就以教师自我学习为主，这样的自我学习很难保证其熟练系统地掌握信息化技术的程度，并且存在不够规范、不够全面的问题。从这点来看，对思政课教师进行系统培训尤为重要，而且必须组织专门的信息化教学培训班加以重点辅导。例如，中南大学定期举办新入职思政课教师培训班，让教师在互联网＋大环境下，深刻理解为什么要采用信息化教学？如何利用信息化建设推动思政课本科教学，将挑战变成机遇？怎样将混合式教学做得更为深入彻底？如何更好地利用信息化工具服务思政教学工作。其他高校新入职思政课教师信息化教学培训的内容大体相似，培训内容包括但不限于思政课教师信息化教学的基础理论知识、信息化技术的发展历史、信息化技术在思政课教学中结合逻辑、思政课信息化教学发展取得的成功经验、思政课教师信息化教学应该掌握的基本能力、思政课信息化教学实操训练等。通过专家系统辅导，教师系统学习，能够有效地提升马院思政课教师的信息化教学能力。

美国著名教育家、心理学家大卫·库伯（David Kolb）于 1984 年在库尔特·勒温（Kurt Lewin）等人的经验学习理论的基础上提出了经验学习圈理论。库伯认为一个完整的学习过程需要经历具体经验获取、反思性观察、抽象概念化和积极实验四个环节。根据库伯的经验圈理论，思政课教师需要不断地从实践经验中获取成长的养分，从观察、抽象概念、积极实验上增强对信息化教学的理解、吸收和运用。在培训中要注重思政课教师最新教育

技术的学习和掌握，例如，云计算、大数据、人工智能、元宇宙虚拟现实、区块链等，主要掌握这些技术的基本原理、能够服务思政课教学的契合点，在思政课教学中能够发挥作用的方向等。还要强化思政课教师信息化教学的教学模式的学习，例如，认知主义、人本主义、行为主义、建构主义理论的综合使用，创造适合数字信息时代发展的新型教学模式，将信息的获取、处理、应用、创新等环节的组配作为教学模式构建的基础。还要加强信息化教学视域下学生教学成长力的判断和行为过程的数字评价，注重利用教育信息化技术的数据获取和分析功能去实现学生的过程性成长评价。

案例分享：西南财经大学：以数字化培训为抓手，综合提升思政教师教学能力

学校将国家高等教育智慧教育平台、全国高校思政课教师网络集体备课平台、"周末理论大讲堂"、中西部高校"融合式教学跟教项目"、教育部高校教师网络培训中心、新华思政、西南财经大学教师教学发展云平台、西南财经大学思政课虚拟仿真实验教学平台等校内外优质资源纳入思政课教师教学培训体系，搭建起内容丰富的"同步＋异步"培训课程体系，完善教师在线学习、教学观摩、备课资源平台。教师不仅能在云端集中学习或自主学习教育教学知识、教学案例，而且足不出户即可获取全国思政类教学名师、示范课程、示范团队、示范中心的先进理念与经验，并亲身感受真实的课堂教学氛围。

2. 定期组织思政课教师赴校外优秀学校交流学习，拓宽视野

2019 年 3 月，习近平总书记在学校思想政治理论课教师座谈会上提出，思政课教师"政治要强，情怀要深，思维要新，视野要广，人格要正，自律要严"的"六要"要求，为思政课教师指明了努力方向。其中"视野要广"尤为重要，思政课教师应该深入学习领会其中的精神要义，并在教学实践中贯彻落实。视野要广是思政课教师综合能力的一种体现，要有马克思主义理论学习掌握的视野、要有中国特色社会主义发展的宏大视野、要有"面向现代化教育，面向未来"的视野。对于思政课教师而言，对信息化技术的发展了解和运用以及其他地区高校思政课教师使用信息化技术开展教学的整体情况都涵盖在其视野范围之内，特别是发达地区的高校思政课信息化教学都采用了哪些新的教育技术；近年来教育技术行业的尖端技术趋向；思政课教师运用信息化技术的理念等值得思政课教师去思考和见识。扩大思政课教师教学视野不仅要依靠教师本身自己的努力，还需要学校创造条件。高校马院可以定期选派部分思政课教师去先进地区高校学习，通过短期培训的形式让思政课教师有机会去信息化教学的"随堂听课"。有条件的学校还可以利用各种资源开展校级之间"结对子"形式开展培训和帮扶计划，将先进高校的信息化教学理念和信息化技术引回校内，形成优质资源的校域流动、区域流动。还有的教师可以利用访问学者、参加

会议、全国培训等机会去先进地区高校进行学习交流。总之，思政课教师必须走出去，带着学习的态度去向先进高校马院学习取经，避免长期闭门造车，不断开阔信息化教学应该具备的素养和技能视野。

3.定期举办专门的思政课信息化能力比赛

以赛促教是提高思政课教师信息化教学能力的重要途径，通过比赛去锻炼年轻思政课教师使用信息技术开展教学的综合能力。如果留意各高校马院的官网推送的教学比赛新闻会发现信息化教学比赛其实不是什么新鲜的事情，这是一项常态化开展的教学管理工作。随着思政课教学比赛项目越来越多，很多学校就会将思政课教师信息化教学能力比赛融入综合类的教学比赛中，作为重要的技能环节展示。例如，全国思政课教学展示比赛、全国高校教师教学创新大赛，还有各省的思政课教学比赛文件中都会有一项内容出现，就是思政课教师要使用信息化手段开展教学。例如，在2023年第三届全国高校思政课教学展示活动思政课教学竞赛单元评审参考标准中就有明确的规定，"综合运用现代信息技术手段，增强课堂教学的生动性、吸引力"。举办思政课信息化教学比赛要注重对思政课教师使用技术开展教学的使用倾向的引导，要明确地让思政课教师理解，思政课信息化教学的关键还是在思政课内容的把握上，要坚持"内容为要"的原则，技术只是作为辅助手段让思政课知识有更好的呈现形式，能够提高思政课育人的亲和力和针对性。基于此，思政课教师要着重思考如何让技术为教学服务，在教学环境中让技术的出场更加自然，以技术的形式最大化地呈现知识理论的魅力。思政课教师还要深入研究信息技术赋能思政课的"能"在何处，如何实现"赋"的有效性。

4.定期开展思政课教师信息化教学示范课堂建设

杰里·W.克拉克在《系统哲学和教育破碎危机》一文中曾指出："我们知道，一根链条是否牢固性只能取决于最薄弱的环节。增加一链条的强度的方法是验明那些比较薄弱的环节并设法加固这些环节。"对思政课教师信息化教学能力进行培训要重点帮助信息化教学能力较弱的那部分教师，除了组织教师开展信息化教学研讨、开展网络教学技能培训、邀请区内外专家辅导等，还可以通过建设信息化教学示范课来进一步强化教师的信息化教学素养和能力。现在各省都在持续开展和推进优质思政课示范课堂的建设，取得了良好的成效，例如，学习习近平新时代中国特色社会主义思想示范课建设；思政金课示范课建设；"壮美广西"示范课建设等。虽然在这些形式多样的思政课示范课建设中也会融入信息化教学手段，但是从形式到效果上还是和信息化教学有所出入。各高校马院可以根据本校、本部门的实际情况以教研室为单位组织信息化教学示范课建设，邀请本部门在思政课信息化教学上有研究、能够熟练掌握信息化教学技术，并在课程教学内容设计上有创新的老师开展示范课建设。通过集合团队力量，每个教研室打磨出 1—2 个信息化教学示范课堂作品进行推广，让更多的老师通过示范课堂的建设提高信息化教学的认知和实操水平，也可以让新进的年轻教师通过观摩、借鉴优秀教师的信息化教学示范课堂，实现快速成长。

在信息化教学示范课堂建设过程中要注重全面性，这个全面性主要指的是信息化教学示范课堂应该包括的要素与环节要齐全。例如，信息化教学示范课堂建设的负责团队要素、信息化教学的建设思路及大纲、信息化教学课堂实施的详细教案、信息化教学示范课作品的录制与优化、信息化教学示范课的推广与引用等。从信息化教学的设计起点到最终实现的效果推广，整个示范课堂的产出必然带动教学团队去钻研信息化教学、去理解和融入信息化教学技术、去不断反思和优秀信息化教学内容与过程；对思政课教师而言，这样的过程是一种能力的综合提升，也是对信息化教学能力的一次检验。

Reference
参考文献

一、著作类

[1] 马克思恩格斯全集（第 25 卷）[M]. 北京：人民出版社，2001.

[2] 马克思恩格斯文集（第 1 卷）[M]. 北京：人民出版社，2009.

[3] 马克思恩格斯全集（第 3 卷）[M]. 北京：人民出版社 1960.

[4] 马克思恩格斯选集 (第 1–3 卷)[M]. 北京：人民出版社，2012.

[5] 列宁全集（第 55 卷）[M]. 北京：人民出版社，1990.

[6] 列宁 . 哲学笔记 [M]. 北京：人民出版社，1956.

[7] 邓小平文选 (第 3 卷)[M]. 北京：人民出版社 .1993.

[8] 习近平著作选读 (第 2 卷)[M]. 北京：人民出版社，2023.

[9] 习近平治国理政 (第 1 卷)[M]. 北京：外文出版社 ,2018.

[10] 习近平谈治国理政（第 3 卷）[M]. 北京：外文出版社，2020.

[11] 习近平谈治国理政 [M]. 北京：外文出版社，2017.

[12] 习近平 . 决胜全面建成小康社会夺取新时代中国特色社会主义伟大胜利 [M]. 北京：人民出版社，
2017.

[13] 中共中央文献研究室 . 习近平关于科技创新论述摘编 [M]. 北京：中央文献出版社，2016.

[14] 习近平 . 在哲学社会科学工作座谈会上的讲话 [M]. 北京：人民出版社，2016.

[15] 中共中央宣传部 . 习近平总书记系列重要讲话读本 [M]. 北京：学习出版社 ,2016.

[16] 中共中央宣传部 . 习近平新时代中国特色社会主义思想三十讲 [M]. 北京：学习出版社，2018.

[17] 中共中央文献研究室 . 习关于全面建成小康社会论述摘编 [M]. 北京：中央文献出版社，2016.

[18] 张耀灿，陈万柏 . 思想政治教育学原理 [M]. 北京：高等教育出版社，2001.

[19] 张耀灿，郑永廷，吴潜涛等. 现代思想政治教育学 [M]、北京：人民出版社，2006.

[20] 郑永廷. 人的现代化理论与实践 [M]. 北京：人民出版社，2006.

[21] 王韶兴，孙世明. 他山之石——大学生喜爱的思想政治理论课 [M]. 济南：山东大学出版社，
      2016.

[22] 焦建利. 教育技术学基本理论研究 [M]. 广东：广东教育出版社，2008 .

[23] 姜振寰. 技术哲学概论 [M]. 北京：人民出版社，2009.

[24] 金祥林. 教育学概论 [M]. 上海：华东师范大学出版社，2010.

[25] 吕德雄. 陶行知师德理论及其当代价值 [M]. 北京：人民出版社，2010.

[26] 冯刚，任新钢. 高校思想政治教育创新发展研究 [M]. 北京：中国人民大学出版社，2009.

[27] 冯刚. 探索思想政治教育发展的内生动力 [M]. 北京：人民出版社，2017.

[28] 李超民. 新时代提升网络思想政治教育话语权研究 [M]. 北京：人民出版社 2019.

[29] 李宪伦. 思想政治教育新话语探析 [M]. 重庆：重庆大学出版社，2007.

[30] 《思想政治教育学原理》编写组. 思想政治教育学原理 [M]. 北京：高等教育出版社，2018.

[31] 张厚粲. 行为主义心理学 [M]. 杭州：浙江教育出版社，2003.

[32] 彭未名. 交往德育论 [M]. 太原：山西教育出版社，2005.

[33] 陈凡，朱春艳. 技术哲学思想史 [M]. 北京：中国社会科学出版社，2020.

[34] 陈平，张淑平，褚华：信息技术导论 [M]. 北京：清华大学出版社，2011.

[35] 艾思奇全书 (第 2 卷)[M]. 北京：人民出版社 ,2006.

[36] 陈万柏，张耀灿. 思想政治教育学原理（第 2 版）[M]. 北京：高等教育出版社，2007 .

[37] 查有梁. 教育建模 [M]. 南宁：广西教育出版社，2001.

[38] 邓凯. 现代信息技术基础教程 [M]. 北京：中国水利水电出版社，2007.

[39] 伯金斯等. 超越智商的思维 [M]. 邓海平，译. 海口：海南出版社，2001.

[40] 赵呈领，杨琳，刘清堂. 信息技术与课程整合 [M]. 北京：北京大学出版社，2015.

[41] 李梁. 现代信息技术于高校思想政治理论课教育教学深度融合 [M]. 北京：人民出版社，2021.

[42] 段鹏. 传播学基础：历史、框架与外延（第 2 版）[M]. 北京：中国传媒大学出版社，2013.

[43] 王爱玲. 中国网络媒介的主流意识形态建设研究 [M]. 北京：人民出版社 ,2014.

[44] 杨海军. 思想政治教育情感载体研究 [M]. 北京：人民教育出版社，2019.

[45] 乔瑞金. 马克思主义技术哲学纲要 [M]. 北京：人民出版社，2002.

[46] 张掌然. "问题"的哲学研究 [M]. 北京：人民出版社，2005.

[47] 芦文龙. 技术主体的伦理行为——规范、失范及其应对 [M]. 北京：人民出版社 ,2019.

[48][美] 托马斯·库恩. 科学革命的结构 [M]. 金吾伦，胡新和，译. 北京：北京大学出版社，2003.

[49](捷) 夸美纽斯 . 大教学论 [M]. 傅任敢译，北京：教育科学出版社，1999.

[50][美] 尼尔·波斯曼 . 何道宽译 . 技术垄断：文化向技术投降 [M]. 北京：中信出版社,2019.

[51][美] 英格尔斯 . 人的现代化 [M]. 殷陆君，译 . 成都：四川人民出版社，1985.

[52][美] 刘易斯·芒福德 . 机器的神话（上）：技术与人类进化 [M]. 宋俊岭，译 . 北京：中国建筑工业出版社，2015.

[53][美] 欧文·拉兹洛 . 系统哲学引论———一种当代思想的新范式 [M]. 钱兆华，熊继宁，刘俊生，译，商务印书馆 1998.

二、论文类

[1] 习近平 . 思政课是落实立德树人根本任务的关键课程 [J]. 求是，2020（17）

[2] 董平 . 困境与出路：思想政治理论课话语传播探析 [J]. 思想政治教育研究，2018，34(04).

[3] 何哲 . 虚拟化与元宇宙：人类文明演化的奇点与治理 [J]. 电子政务，2022（01）.

[4] 阮朝辉 . 警惕人工智能异化、伪知识泛滥和全民娱乐对人性与文明的危害 [J]. 科技管理研究，2016，36（08）.

[5] 张成岗 . 新技术演进中的多重逻辑悖逆 [J]. 探索与争鸣，2018（05）.

[6] 吴宁，刘金凤 . 元宇宙与文明的虚拟化 [J]. 山东社会科学，2022（06）.

[7] 陈惠女 . 高校思政课教学资源建设的基本理念、重点任务及优化路径 [J]. 思想理论教育导刊，2023（09）.

[8] 冯刚 . 大数据应用于思想政治教育的局限与突破 [J]. 重庆大学学报（社会科学版），2021,27(02).

[9] 卢岚 . 关系连结、议题互动与场景融合：网络思想政治教育刍议 [J]. 思想理论教育，2020(10).

[10] 温旭 . VR 技术赋能高校思想政治教育的价值与应用 [J]. 思想理论教育，2021(11).

[11] 赵丽涛 . 思想政治教育数字化转型的范式构建与优化逻辑 [J]. 思想教育研究，2022(02).

[12] 刘智斌，夏雅敏，王晓青 . 网络思想政治教育流动育人场景的构建 [J]. 思想理论教育，2016(07).

[13] 温旭 . VR 技术赋能高校思想政治教育的价值与应用 [J]. 思想理论教育，2021(11).

[14] 刘革平，高楠，胡翰林，等 . 教育元宇宙：特征、机理及应用场景 [J]. 开放教育研究，2022(02).

[15] 骆郁廷 . 高校思想政治理论课的"变"与"不变"[J]. 思想理论教育导刊，2013（04）.

[16] 郭凤志 . 高校思想政治理论课话语体系创新研究 [J]. 思想理论教育导刊，2014（04）.

[17] 黄冬霞 . 场景化传播背景下高校思想政治理论课建设面临的挑战与对策 [J]. 思想教育研究，2022(01).

[18] 许瑞芳，张宜置 . 沉浸式"大思政课"的价值意蕴及建构理路 [J]. 思想理论教育导刊，2021(11).

[19] 卢岚.关系连结、议题互动与场景融合：网络思想政治教育刍议 [J].思想理论教育，2020(10).

[20] 王健，郑旭东.新时代信息化促进高校思想政治教育的思路、框架与建议 [J].电化教育研究，2022(01).

[21] 李梁."慕课"视域下深化思想政治理论课教学改革的若干思考 [J].思想理论教育导刊，2014(12).

[22] 倪瑞华.由独话到对话：高校思想政治理论课教学话语体系的重建 [J].国家教育行政学院学报，2012（10）.

[23] 李萌.正确认识高校思想政治理论课话语体系建设的重大意义 [J].思想理论教育导刊，2017（01）.

[24] 郭凤志.加强高校意识形态建设的文化主体意识及话语体系创新 [J].红旗文稿，2015（18）.

[25] 陈艳艳，陈杰.思想政治教育话语表达方式的三种路径 [J].思想政治教育研究，2021，37（04）.

[26] 秦小琪.传播学"受众理论"在思想政治教育研究中的应用初探 [J].思想政治教育研究，2022，38（02）.

[27] 康海轩.虚拟仿真技术与思政课教学融合探论 [J].中学政治教学参考,2022(31).

[28] 窦桂梅.基于学生全面发展的评价改革 [J].人民教育,2021（05）.

[29] 周红莉.高职教师信息化教学能力提升 形势、问题与策略 [J].职业教育研究,2023（11）.

[30] 刘辉.地方高校青年教师信息化教学能力提升的研究与实践 [J].信息化与计算机教育,2023（23）.

[31] 刘澍.高校教师网络教学能力标准及培养模型研究 [J].信息化与计算机教育,2022（16）.

[32] 薛桐卉.高职教师信息化教学能力提升研究：维度、困境与策略 [J].职教发展研究,2023（2）.

[33] 舒卫征.高校思政课信息化教学存在的问题及对策 [J].教育观察,2020（6）.

[34] 樊永华."互联网 +"背景下的高职教师信息化技能提升策略研究 [J].中国多媒体与网络教学学报,2020（7）.

2020年第17期《求是》杂志刊发了习近平总书记的重要文章《思政课是落实立德树人根本任务的关键课程》。文章强调："思政课是落实立德树人根本任务的关键课程，思政课作用不可替代，思政课教师队伍责任重大。"作为一名思政课教师深感使命光荣，责任重大。"05后"大学生正处于"拔节育穗期"，这期间学生们的心智逐渐成熟，需要全体教师特别是思政课教师在世界观、人生观、价值观上对他们进行正确的引导；有时候，我们多希望把我们的所有知识和智慧传授给他们，让他们在高校里能够健康茁壮地成长。

思政课信息化教学是为了适应广大青年学生数字化的生活习惯，提高思政课教学的针对性和实效性，让技术赋能思政课守正创新。办好思政课，最根本的是要全面贯彻党的教育方针，解决好"培养什么人、怎样培养人、为谁培养人"这个根本问题。不管是信息技术手段教学还是常规的授课教学最终都是要实现立德树人这一根本任务。现在的思政课教师队伍越来越年轻，在党和国家的关心和支持下呈现越来越好的发展趋势，思政课教师队伍充满了生机与活力。很多优秀的思政课教师扎根教学一线，用激情与汗水去不断钻研思政课教学改革，就是为了让思政课教学更加有亲和力，更加贴近学生的学情，让学生享受一堂高质量的思政课堂。我们课程队员老师奔赴全国各地高校马院取经，也见识到了思政课教师在信息化教学领域的"十八般武艺"，他们丝毫不逊色于其他专业课程的老师，在信息化教学中推陈出新，展现新一代思政课教师守正创新的魄力和实力。疫情期间那几年，我们见证了信息化教学的突飞猛进，也看见了很多老师对信息化教学的迷茫。部分老师从各种云课堂开始不断向数字化教学要空间，带领学生开展线上教学，老师们在短短的时间内掌握了大量的数字技术和信息化手段，学生也不断适应信息化教学的时代需要。

道阻且长，行则将至。不管怎么样，现在我们看到的思政课教师已经在信息化教学道路上越走越顺，也看到了教育部在大力支持各省市开展信息化教学资源的建设，我们也看到了在各大思政课教学比赛上我们的思政课教师展示出的信息化教学素养。但同时也要清楚的认识到，思政课信息化教学不是简单地使用技术工作授课就行，还要将其自然地融入课程，巧妙地融入课程，让学生能够接受。在过去几年时间里，笔者也看到部分老师在信息化教学上存在"生搬硬套"的现象，也看见有老师被信息技术绑架，被技术牵着鼻子走，在某些层面上，显现出"技术异化的现实畸变"，这些都需要我们在赞美技术的便捷性和高效性是需要客观地去审视技术的双面性，克服技术给师生带来的"畸变"，让技术成为快乐教学、幸福教学的助推器和加速器。

本书的出版得到了广西师范大学马克思主义学院领导和老师的指导与帮助，也得到了广西建设职业技术学院马克思主义学院领导和同事们的大力支持，课题组对本书作者和署名单位作出说明。李生副教授作为该专著的第一作者，系广西师范大学马克思主义学院博士生，将广西师范大学马克思主义学院作为该专著第一作者署名单位，也就是成果单位，广西建设职业技术学院作为该成果第二单位。其他两位成员，第二作者的孙兰欣教授唯一署名单位为广西建设职业技术学院，第三作者莫玉婵老师的唯一署名单位为广西建设职业技术学院，特此说明。

思政课信息化教学是一个非常重要的研究领域，值得我们思政课教师去深入钻研，笔者在研究的过程中深感这一问题的复杂性和多变性，在这个综合研究过程中不仅需要马克思主义理论的指导，也需要教育学、心理学、社会学、信息技术学等多个学科视角的综合参与，本书的出版只能说我们在这一课题上进行了初步的研究和探索，但事实上高校思政课信息化教学每天都在产生新的技术，每天都有新的发现，我们做的事情只是抛砖引玉，希望学界能够多关注这一领域，产出更多高质量的学术成果，为推动高校思政课高质量发展贡献思政人的力量。在这里再次感谢撰写专著和出版专著过程中各位同人的大力支持，由于能力和水平有限，本书难免存在不成熟、不完善的地方，也恳请各位专家不吝赐教，批评指正。

李　生

2023 年 12 月 6 日于广西师范大学南苑